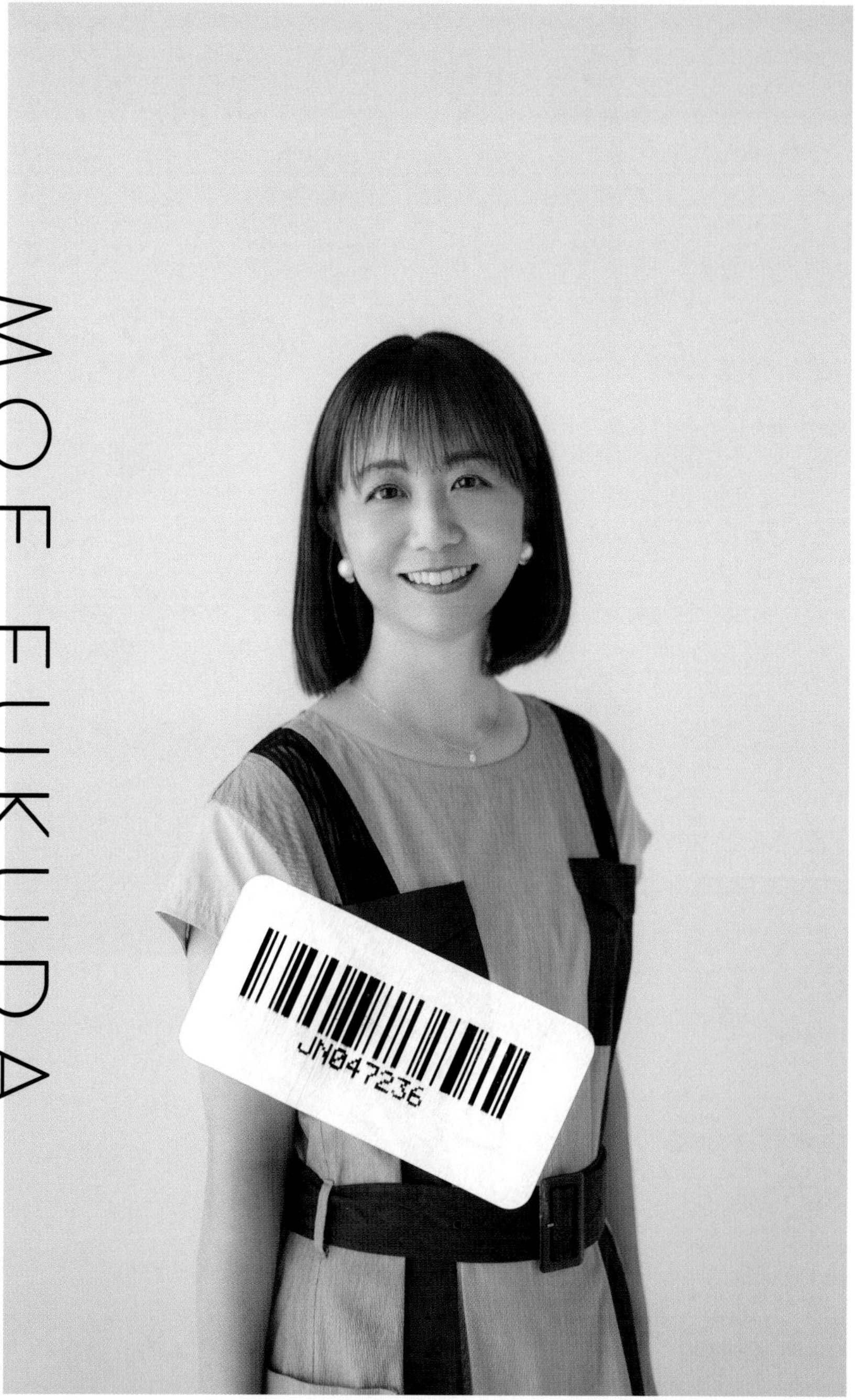
MOE FUKUDA

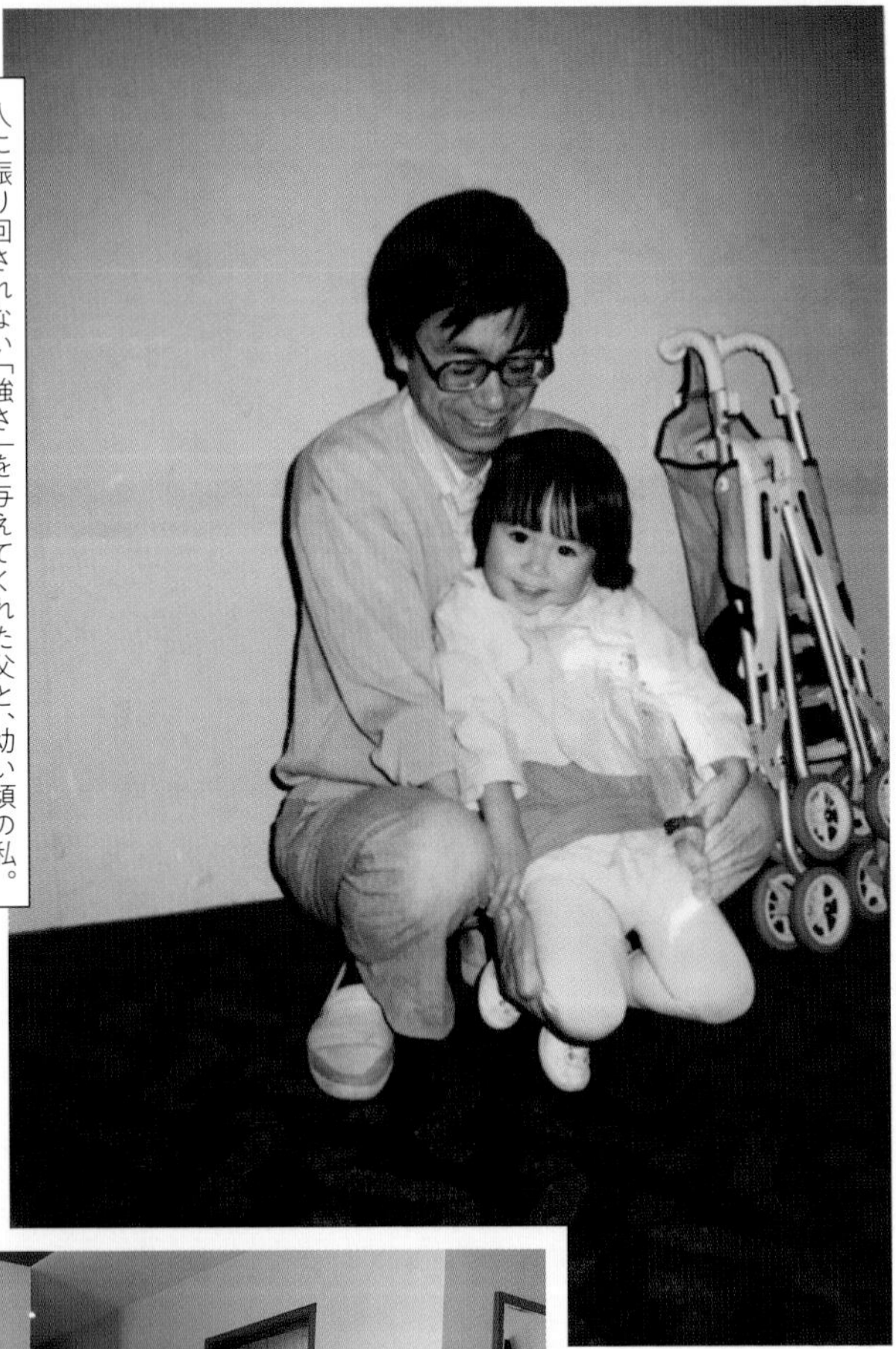

人に振り回されない「強さ」を与えてくれた父と、幼い頃の私。

移住以来住んでいるシンガポールの自宅にて、愛犬チョビと。

IN SINGAPORE

マリーナベイサンズを背景に。

金融街の夜の風景。

子ども二人を連れて日帰りで海へ遊びに行った日。

子どもを預けて、結婚5周年のランチへ行った記念写真。

2023年春。子どもたちのキャンプに合わせて、
出産以来、初めて夫婦でタイ旅行へ。

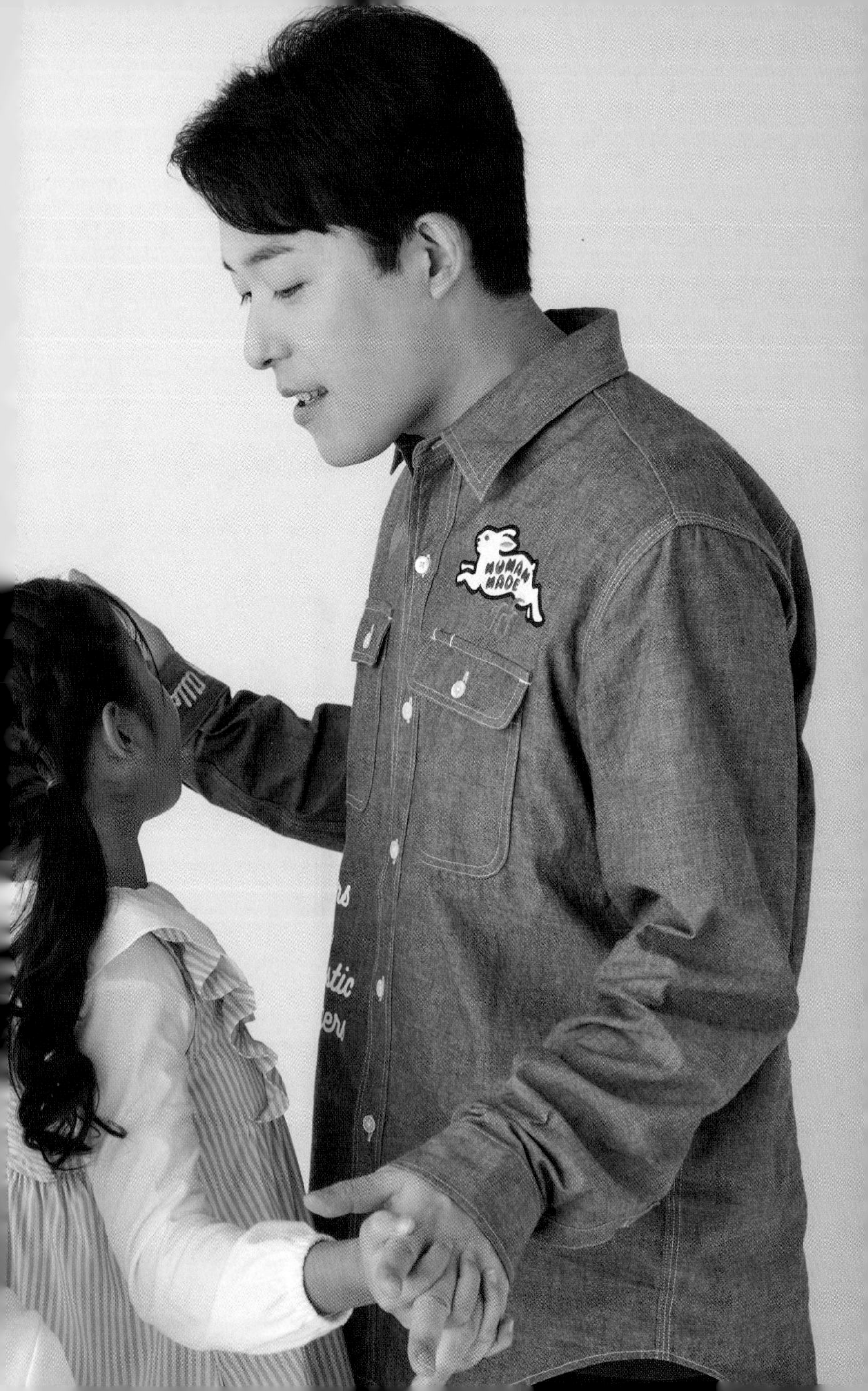
HUMAN MADE

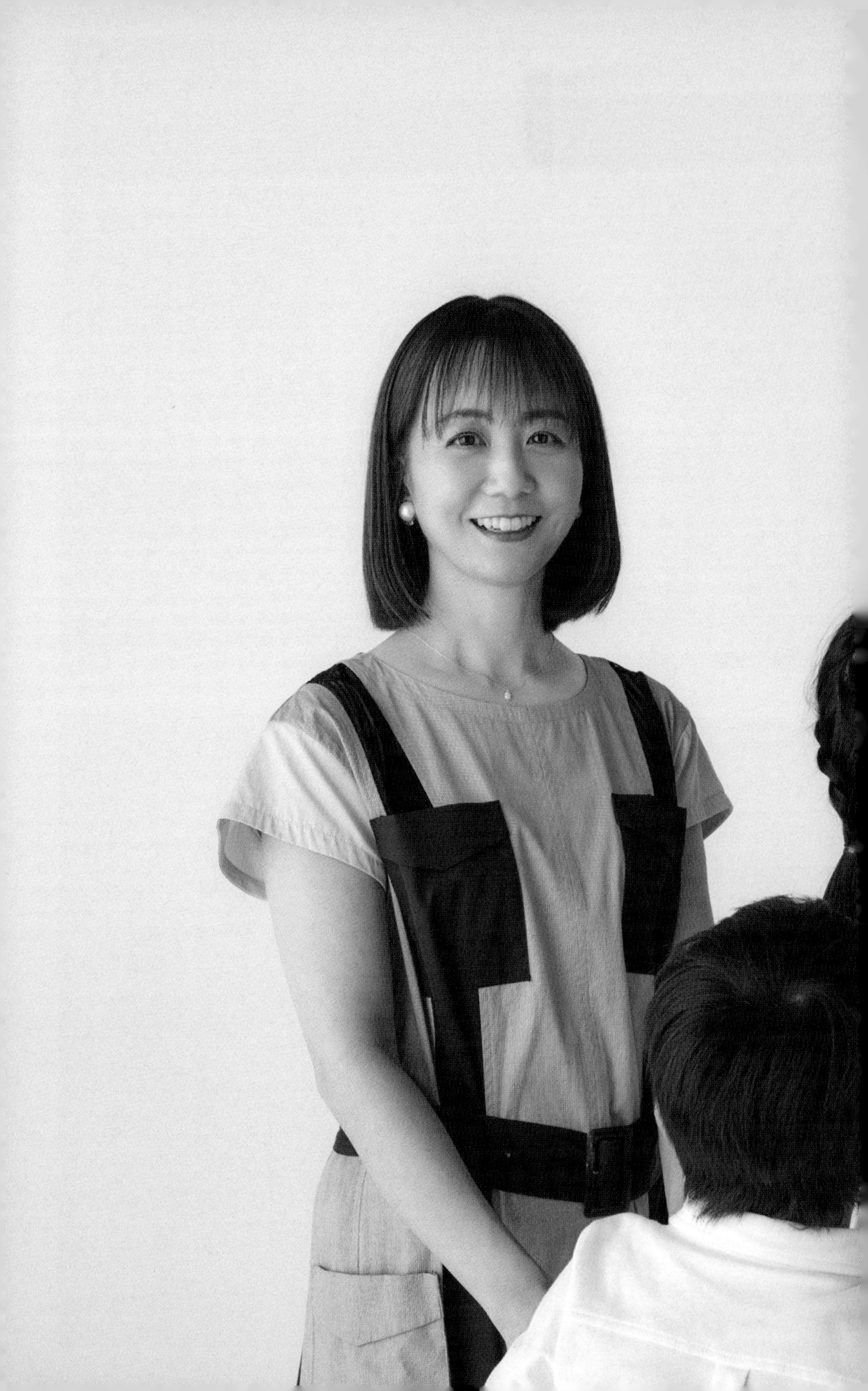

MOE FUKUDA × ATSUHIKO NAKATA

「中田敦彦の妻」になってわかった、自分らしい生き方

福田萌
MOE FUKUDA

講談社

はじめに

中田敦彦という人間の妻をつとめて10年以上が経った。私は、中田敦彦という人間を知れば知るほど、とても興味深い人だなと感じている。

非常にまっすぐで、曲がったことが大嫌い、そして気持ちに嘘がつけない。出会った当初はそこがいいな、と思っていたが、10年を超えるうちに、それが裏目に出てトラブルを巻き起こしたり、夫婦喧嘩も絶えなくなった。しかし本当に純粋な気持ちで正義や愛情を貫く人。彼なりに、最善の道を歩んできた結果が「現在」である。

彼といると毎日がジェットコースターのようだ。

絶叫マシン好きな私は、大学時代に初めて富士急ハイランドの『FUJIYAMA』に乗ったとき、あまりのスリルに大興奮した。

ただ、中田敦彦という人間は『FUJIYAMA』以上の熱狂と興奮を体感させてくれると言っていいかもしれない。彼の感情やアイディアや行動は大波小波、常にいろんな波としてやってくる。

激動の人生だ。

私のことを「中田敦彦に振り回されている可哀想な奥さん」とお思いの方も多いだろうか？　でも、私自身にはあまり、振り回されているという感覚はない。

自分では意識していなかったが、実は物事や人生は、捉え方一つで大きく変わるのかもしれない。何気なく書いていたFRaU webのエッセイ連載だったが、読者の方から「福田さんの物事の捉え方が〝自分らしく生きる〟ヒントになる」と嬉しい言葉をいただき、今回このようなタイトルになった。

二人三脚は走者二人の心を合わせないとうまく前には進めない

し、不自由が多い。何かとしがらみの多い結婚生活は、二人三脚にも似ているのかもしれない。我が家の場合は相手が全くこちらに合わせる気のないジェット機型走者なのだが、これまでの私の生き方が少しでも誰かのヒントになれば、この上なき幸いだ。

本書はFRaUWeb2020年10月〜2022年12月公開記事に一部加筆・修正の上、中田敦彦さん、娘さん取材および夫婦対談を加えたものです。

CONTENTS

第2章

コロナ禍、突然決まった海外移住
新しい環境での家族生活

第3章 「母」として……福田萌が感じる葛藤

試行錯誤でたどり着いた自分なりの母像

第4章 「福田萌」として……

福田萌が考える「妻でも母でもない自分」

最終章

夫婦・家族の在り方を考える

第1章

夫婦について

福田萌が中田敦彦の妻として思うこと

孤独だった私が、オリラジ中田敦彦と結婚するまで

ワンオペだった、2020年の元旦

シンガポール移住を控えた2021年お正月。まだ私たち家族の住まいは東京だった。新型コロナウイルスの影響で、例年だと帰省や長期旅行に出かけていた我が家も、この年は静かに自宅で年末年始を迎えていた。私の夫は2019年からYouTuberとして本格的に活動しており、さらに当時はコロナの影響もあり、日中は自宅で勉強、週に2～3回、夜に自前の撮影スタジオのある事務所に出かけてはYouTubeの動画を撮影するという働き方だった。

その前年、2020年は撮影スケジュールがもっと過密で、撮影は1日おき、勉強もカフェなど外でしていたため朝から晩まで家に帰ってくることはなかった。2020年1月1日の朝、元旦だったにもかかわらず、夫は撮影をすると言って出かけていった(もちろん夫が自分で決めたスケジュールだ)。ゆっくり新年の抱負でも語りながらお雑煮を食べたい特別な家族との時間にも夫は不在で、私と幼い子ども二人、手持ち無沙汰になり、思

わず公園に出かけた。

まさかの1月1日の午前中に公園！　いつもはぎゅうぎゅうで子どもたちでごった返している場所なのに、そのときは私と子どもたちに、近所に住む外国人家族の2組だけ……。だけど、晴れた冬のキリッとした空気の中の元旦の公園はなんだか清々しくって、「今年もお世話になります」という気持ちで遊んだことを懐かしく思い出す。


2020年途中から夫はYouTubeの撮影ペースを少し落とした。なので、子どもたちが冬休みに入ってからというもの、夫はほとんど家にいた。前年と違い、「今年はゆっくり家族で年末年始を過ごせそうだ」と私は嬉しい気持ちでいた。今までは私が担当していた子どもたちの習い事の送迎を夫は率先して担当してくれ、それを新鮮な気持ちで楽しんでいるようだった。

習い事は家を出るときから時間との勝負だったりするので、まるで家族のお出かけのようにのんびりマイペースに準備している夫に「おーい」と心の中でツッコんだりしつつ、習い事送迎界においては私の方が先輩なので、「私が息子のピックアップをしている間に、パパは娘をここで送り出してね」「わかった」と私の指示通りに従う夫の姿が面白くて、プププと吹き出しそうになった。

それでも私一人で姉弟二人分の送迎をこなすよりは、夫がいてくれることで私の心のゆとりが全然違った。私一人でやっているときは芸能マネージャーのように仕事感のある習い事の送迎も、夫婦二人でやるとちょっとしたレジャーのようで楽しかった。家族時間が充実し出したのは、我が家にとってはありがたいことの一つだ。

こんなふうに今はチーム感のある我が家一行だが、ふと振り返ると、ほんの数年前までこの夫婦は赤の他人だった。そう思うと、感慨深く感じる。しかも、最初、夫は芸能界で華々しく活躍する芸人さんで、私はただそれをテレビの前で見る人、そんな全く接点のない立場の二人が夫婦だなんてと、不思議な気持ちになったりする。

どうやって他人の二人がチームになったのか。それを振り返ってみる。

上京したての大学生と、お笑いスター

オリエンタルラジオが「武勇伝、武勇伝」と一世を風靡《ふうび》していたのは私が大学1年生の頃のことだ。テレビのお笑い番組に敏感で、サークルの集まりがあれば、誰かがふざけて芸人さんのネタを全力で真似していた時代。そんな中、「オリラジって慶應と明治らしいよ」と誰かが話せば、「えー、じゃあどっかですれ違っていたかもね」「んなわけないでし

ょー」という会話が聞こえる。

それくらい世代も環境も近いお笑いスターが誕生した、という感覚だった。ただ、岩手の田舎から上京したてで、夢は「いつか新宿アルタに『笑っていいとも！』の観覧に行く！」だった大学1年の私は、テレビの向こうの人は完全に別世界の雲の上の人、と思っていた（ちなみにいいとも観覧の夢はその後割とすぐに叶うことになる。アルタは想像以上に狭くて、芸能人が近くて、今思い出してもあの熱狂に胸がドキドキする）。

そんな私がまさか芸能の道に進むなんて！　大学2年のミスコンをきっかけに始めたタレントのお仕事だったが、次第に夢中になり、大学卒業後もその道を選んだ。自分としても意外な選択だった。大学入学当初の私は、高校時代に経済小説で出会った本田宗一郎さんに憧れて、ホンダで働きたい！　と思っていた。そしてその後、大学時代にビールの美味しさにハマり、就職するならホンダかビール会社だな、と本気で思っていたのだ。

大学卒業間際に初めて、オリエンタルラジオと共演することになる。その番組は、たくさんの現役就活生を相手に、オリエンタルラジオが司会、私は就活生と同じ大学生ということでパネラーとして呼ばれた。オリエンタルラジオを前にしたときその二人の放つ圧倒的な華に驚かされた。どこかですれ違っていたかもしれない大学生なんかじゃなく、「これが在学中にデビューする華のある芸人さんかー、やっぱり雲の上の人なんだべなはん

（岩手弁）」と、気持ちはまたアルタ観覧が夢の大学生に戻った。

そのとき仕切っている〝中田さん〟を見て、「まるでティラノサウルスのような人だ」と思った記憶がある。とんでもないパワーで、激しくスタジオ全体を縦横無尽に動き回り支配する姿が、恐竜がドッスドッスと地面を走り回る様子を彷彿とさせたのだ。実際ＣＧでしか見たことがないが、それほどまでにパワフルな人だと思った。ちなみに夫に後日この収録のことを聞いたとき、番組自体を覚えていない、と言っていた。

夫は付き合い始めのときから、「俺は記憶のメモリ容量がほとんどないタイプで、いろんなことをすぐに忘れてしまうんだけど、そういう性格なので気にしないで」と言われていたので納得している。この頃は多忙でろくに睡眠も取れていなかったのだそうだ。後日談だが、この収録の数年後に再びオリエンタルラジオと共演したとき、藤森慎吾さんは「おー萌ちゃん、就活の収録ぶりだね！」と声をかけてくれたので、二人のタイプがまるっきり違うのが面白い。

傷ついていた私と、どん底だった夫

その後、何度か番組での共演を経ながら、グッと夫との距離が縮まったのが、2011年のNHK・BSプレミアムの『熱中スタジアム』という番組だ。この番組は、一つのテーマについて30名のその分野に熱中している一般人や専門家がパネラーとして参加し、そのテーマについて熱弁をふるい、夫が司会で場を仕切るというものだった。

私は代打のアシスタントとして度々お邪魔した。夫は当時28歳ほどの若さで、30名の尊敬すべきマニアックな方たちを仕切る役割を任されており、それは並大抵のことではなく、「すごいな」と思っていた。

私はその当時、2011年3月に起こった東日本大震災で、心がかなり傷ついていた。地元の岩手県を襲った大地震と大津波。内陸部に住む家族は幸い無事だったが、震災直後は音信不通が続き、強烈な喪失感が私を襲った。それまで大切な心の支えであり、盤石だと思っていた家族の存在は、実は何かをきっかけにポロポロと崩れてしまう脆いものだと感じ悲しかった。

その震災の後はしばらく心から笑えない日々が続いた。「なんとかこの状況を打破しなくては」そんなことばかり考えていた日々だったと思う。そして私が頭の片隅に考えていたことは、「家族を作らなくちゃ」だった。

時を同じくして、夫は悩んでいた。２０１１年、藤森さんがチャラ男として大ブレークしていた。震災後、心から笑えなかった私だったが、チャラ男の軽い感じと、「思い悩んだってしょうがないよ、ボクちゃん見てちょーだい！」みたいな雰囲気に大いに励まされた。その横で、夫は「相方はチャラ男だが、俺は何男《なにお》なんだ」と悩んでいたのだそうだ。

私からすると、夫は夫で、クイズ番組に出たり、コント番組でＢＬキャラを演じたり、チャラ男の横でツッコむ役割を堅実にこなす相方として、テレビ出演を多く抱えていたように感じていたが、心の奥底では、輝く相方の隣で自分を確立できていないような気持ちで、ずっと虚しくてどん底だったと後から教えてくれた。

その当時、「芸人交換日記」というある番組の企画をテレビで見ていた。オリエンタルラジオが、「武勇伝の大ブレークに陰りが見え始めたとき、すごくコンビの関係が悪くなった。俺は藤森に『こうしろ、ああしろ』と指図して、なんとかコンビを軌道に乗せたいと必死だった。でも藤森はいつまでも指図してほしくない、と反発した。確かにあのときの俺の態度、良くなかったよな。そんな俺が今はチャラ男でブレークするお前に支えてもらってるなんてな。あのときはごめんな」という内容で、交換日記をしていた。

私はたまたまテレビで見ていただけだが、〝中田さんはこんな大衆の目に触れる番組で一番見せたくないはずの自分の弱さを吐ける、なんて素直な人なんだろう〟と感じた。

彼の背中から感じた苦悩……

そして1回目の『熱中スタジアム』の収録である。スマートに30人の一般人を仕切る姿に感心していた収録の休憩時間。今は禁煙しているが、当時喫煙者だった夫がガラス張りの喫煙室でくるっとこちらに背中をむけてタバコを吸っていた。その後ろ姿を見たときの彼の背中がすごく気がかりになった。

「あの人を守ってあげる人はいるのかしら」そんなことを突然、強烈に思った。

それくらい、孤独感（それは独りぽっちで寂しいのではなく一人で戦っている孤独感）が痛いくらいに伝わってきたのだ。味方をしてくれる先輩や仲間はいるのだろうか、家に帰ったときにホッと心が安らぐ瞬間があるのだろうか、大丈夫かな？　夫の胸中を当時知るよしもなかったのだが、苦悩が背中から伝わって来るようで私も苦しくなった。ただ、そのことはすぐに忘れて、また私は自分の生活に戻った。

そして、数ヵ月後再び訪れた2回目の『熱中スタジアム』の収録。収録中はその孤独な背中のことは忘れていた。でも、アシスタントの役割で、カンペの進行状況を見失った彼を私がとっさにフォローする場面があり、「きっと夫婦ってこんな感じなんだろうな」「いかんいかん、番組に集中集中」と、一瞬頭がトリップする瞬間があった。

私はあまり器用なタイプではないので、仕事は仕事、プライベートはプライベート、と切り分けないとうまく集中ができない。仕事中に「この人が彼氏、夫だったら」と一瞬でもシミュレーションした自分を恥じた。でも、家に帰ってからも、そのことが少し気になって、思わずTwitterで収録のお礼のメッセージをDMした。そこから、食事へと誘われ、交友が始まって、今ココである。

あの日あの時あの場所で

振り返ると、孤独な夫と、孤独な私が出会い、その出会いが私にとっては生きていく希望になった気がする。長い夫婦生活これまでいろんなことがあったけれど、そのときの独りでいることの辛さを考えたら、せっかく二人なんだしさ、楽しもうよ、と前向きに乗り越えられてきた。それは、それぞれが孤独などん底を知る二人だからかもしれない。独りだとただただ辛い出来事も、二人だと後から笑い合えたり思い出として語り合えたりして、面白い。

結婚10年目の年、シンガポールへ移住。

2020年の年末、オリエンタルラジオが、吉本興業を退所し、フリーで活動することが発表された。夫が長年お世話になった吉本興業さんには、とても快く素晴らしい形で送り出していただき、感謝の気持ちでいっぱいだ。そして、吉本興業に所属していなかったら、オリエンタルラジオというコンビを組んでいなかったら、夫との出会いも、今の家族もなかったのだと思うと、胸がジーンとなる。

そして「あの人を守ってあげる人はいるのかしら」と強烈に思っていた私が、今、その立場になっている。夫は私の支えなどなくとも、そのティラノサウルス並みの持ち前のパワフルな推進力でどんどん荒波を乗り越えていく力が十分にあるが、何かあったときは私が守るのだ、という使命のようなものが私の胸にはある。あの孤独な背中を私が見て受け取ったメッセージも、運命的に感じている。

あの日あの時あの場所で君に会えなかったら僕等はいつまでも見知らぬ二人のまま

小田和正さんの歌のように、人生は本当にその積み重ねだと日々実感する。

これから先も一緒にいて「おーい」と思う瞬間がいっぱいあるかもしれないが、そんな人生の相方にツッコミができることをありがたいと楽しみながら長い年月を重ねていけたらと願っている。

家族でシンガポール移住……夫の決断に対する私の心境

シンガポールへの移住を決断しました

わが中田家は、2021年3月より、家族でシンガポールに生活拠点を移すことになりました。なぜ？　どういう経緯で？　このコロナ禍に？　夫の決断に妻としての心境は？いろんな疑問・質問を様々な方面からいただくことが多いので、そのことについて書きたいと思う。

夫は今、教育系YouTuberとして、一枚のホワイトボードを前に、いろんな書籍を紹介するスタイルのYouTubeを展開している。2020年4月に新型コロナウイルス感染拡大による緊急事態宣言が発出され、これからしばらくは外出が自由にできないとなったとき、彼は撮影スタジオからホワイトボード一枚と撮影カメラなどの機材を持って帰宅した。

「明日からは自宅から授業を収録することにしたよ」そして、ベッドや子どものおもちゃ棚を移動させて、部屋の一角にホワイトボードが吊り下げられた。そこから約2ヵ月間、自宅が撮影スタジオになった。

当時はまだ全貌がよくわからない新しいウイルスに対する視聴者からのニーズに応えるべく、感染症の歴史やカミュの小説『ペスト』などをYouTubeで解説するため彼は勉強した。そしてわかったのは、人類はこれまでも数多くの菌やウイルスと対峙してきたこと。克服できたものもあれば、いまだに共存関係にあるような感染症があるということだった。「これは長い闘いになりそうだ」という話を夫から聞かされた。

当面の仕事や生活スタイルは、わりと早めに確立できたが、子どもも自由に学校や幼稚園に通えない、しかも私たちの住んでいる東京は人口が密集しており、ちょっと公園に出かけたり生活必需品を買いにスーパーに出かけても、人との密接は避けられない。

そもそも、自宅で仕事ができるのであれば、都心に住む意味とは？ そんなことを考え、初めは日本国内の地方に移住しようか、という計画が我が家で持ち上がった。東京で必要な仕事があるときは、その地方から通えばいい。

いざ、その計画を実行に移すため、地方の良さそうな不動産を調べてみたりした。しかし、あるとき夫はふと考えたらしい。これだったら、海外に行くことも同じではないか。地方に住むことと、海外に住むこと、どんな違いがあるだろう、と。コロナの状況さえ許せば、東京で必要な仕事があるときは、その場所から通えばいい、と。

今まではハワイに行きがちだった

これまで、私たち家族が海外移住を考えてきたかと言うと、決してそういうわけではない。このコロナ禍のニューノーマルな暮らしが、海外移住への背中を押した。

私自身は旅行が好きで、これまでも海外旅行に頻繁に行く一家ではあった。家族で海外に行けるのは子どもが小さいうちだけ、なんて話を先輩家族から聞いていたし、なんとなく国内だと旅先でも誰かがうっすらと自分たちのことを知っているのではないか、という静かなストレスがあり、そこから解放されるため、という理由もあった。


夫がテレビ中心の生業だった時代は、お正月くらいしか、まとまった休みが取れなかったため、そのまとまった休みを長期の海外旅行に充てていた。それこそ、年末から年明けすぐの1月1日まで、芸能界は年末年始の特別番組の収録を一気に行うため多忙になり、その疲れをとるべく、仕事納めをした瞬間に一気に飛行機でどこかに飛んで、年末年始の疲れを癒やす。

そして行き先がハワイなら着陸直後にホノルル空港で待ち構えている芸能リポーターの井上公造さんに新年の抱負を語るまでがお正月旅行のワンセットだった。あの包囲網からは誰も逃れられない。ホノルル空港よ、もっと出口を作ってくれ（とはいえ、私は井上公造さんが好きで、つい公造さんのためにインタビューに答えたくなってしまう。その憎めない人柄が、芸能リポーターとしての才能なのかも、とつい考えるときがある）。

芸能人、ハワイ以外に行けばいいのに、とお思いの方も多いでしょう。でも、英語にちょっと苦手意識があり、リゾートもしたいけど、買い物もしたいし、あったかくて落ち着いたところのビーチでただ風に吹かれてサンセットを眺めたい、できれば仕事始めギリギリまで安心してバカンスしていたい（＝直行便がいっぱいある）、となると、結局ハワイがベストとなってしまう。私もハワイは大好きで、日本にいたときは疲れを感じたら心の中のハワイを発動させて癒やされていた。

2019年、初めてのシンガポールへ

あるとき、「毎年ハワイもなんだし、たまには開拓してみようか？ そういえばヒルナンデス！で一緒になる南原清隆さんがこの間家族でシンガポールに行ったらよかったって言ってたよ」。そんなことを夫が言ったため、2019年のお正月旅行はシンガポールになった。

私たちにとって初シンガポール。しかも、3泊5日のタイトな旅行だった。行きの飛行機の中でちょうど上映されていた『クレイジー・リッチ！』というシンガポールが舞台の

シンデレラストーリーの映画を見て、テンションはマックス。

もちろん、私たちは映画の登場人物のようにマリーナベイ・サンズの最上階のプール横のカクテルラウンジを貸し切りにできるようなクレイジー・リッチとは程遠い。そのプールで映画の残り香を嗅ぎながらチャポチャポと泳ぎを楽しむにとどまった。

夜になると、街がピカピカとライトアップされて、ド派手な噴水のショーが始まる。生まれてすぐにバブル崩壊、そして失われた30年のほとんどを日本で過ごしてきた私にとっては、「なんて元気なんだろう、OKバブリーってこんな感じ？」と街を包むエネルギーに圧倒された。子連れにして弾丸旅だったけど、疲れるどころか街のパワーに充電されエネルギーチャージできた。ハワイがリラックス系の作用がある旅先なら、シンガポールはパワーチャージ系か？　対極にある街に感じた。

オーストラリアで考えた「海外移住」

夫とはよく、「将来海外に住むなんてあるのかな？」「ま、自分たちが引退して、子どもの手が離れて、セカンドライフって感じでかな?」「大橋巨泉さんはセミリタイア後、日本が冬の間は夏のオーストラリアに住んで、日本が夏の時期は帰国して、『ひまわり生活』というのを送っていたらしいよ」「それ憧れるね」なんて話をよくしていた。

「じゃあ引退後、どこに住もうか」というような、遠い先の妄想話が楽しかった。

実際その翌年に旅行したシドニーでは、現地で働く日本人女性とお話をさせていただいた。シドニーはゆったりとした時の流れを感じて子育てしやすそうで憧れた。

女性からは、子どもの学校のランチに日本のような芸術的なお弁当を持ってくる人はおらず、生の人参1本持ってくるクラスメイトがいて驚いた話や、物価が年々上がっていて保育園は日本以上に高いという話、彼女の赴任でオーストラリアに同行したご主人は現地で整体業を開業された話などをお聞きし、その内容が刺激的ながら現実的で、海外で暮らすってチャレンジだけど新鮮で楽しそうだな、なんてことを考えた。

夫・中田敦彦の海外移住決断に影響したタモリさんの存在

海外移住に影響した、タモリさんの存在

夫がいつか海外で暮らしてみたい、と思う理由の一つとして、よく話して聞かせてくれるのが、タモリさんの話だった。夫はデビュー直後から数年間『笑っていいとも!』のレギュラーでタモリさんと毎週ご一緒していた。毎週月曜日から金曜日のお昼の生放送を31年半続けたというスーパースペクタクル偉業。

夫も私も尊敬し、日本全国の誰もが大好き、今でこそ『ブラタモリ』でいろんな街を楽しそうに知識豊かに歩いている旅好きなタモリさんだが、いいとも当時は、ご挨拶のため夫がタモリさんの楽屋を訪れるたびに、机で地図と電車の時刻表を広げて眺めている姿が印象的だったのだそうだ。

「近々、旅行に行かれるんですか?」と尋ねる夫に、「旅行行きたいけど、簡単には行けないよね」と語るタモリさん。楽屋では地図と電車の時刻表を広げて妄想旅行をしていたのだそうだ。その姿に夫は「タモリさんのように番組を任される立場には憧れるけど、その代償に気軽には旅行に行けなくなってしまうのか」と印象的に思ったのだそうだ。

華やかなスタジオの真ん中に立つテレビの司会者が夢ではあるけど、その夢を叶えることは時間や住む場所を制限されてしまうことを意味する。夢を叶えたい、でも自由を手放すことになってしまうのか、というジレンマを抱えていたという。

時は流れ、今。夫は一枚のホワイトボードを前に自宅で仕事をしている。時間や住む場所の制限はなく、自分の裁量で仕事ができている。自宅の場所が海外になったとしても、同じように収録はできる。資料の書籍は電子で世界中どこからでも買えるし、英語ができるようになったら海外の文献も資料になって幅が広がる。

これは今がチャレンジのチャンスではないか！　そう夫の中で熱い想いが溢れ出し、2020年6月、我が家に「シンガポールへのお引っ越し宣言」が出された。

シンガポールに決めた理由

移住先にシンガポールと決めた理由は、一番は旅行のときの印象が良かったこと。ハワイやオーストラリアのような〝リラックス系癒やされタウン〟より、東京のような〝都会の刺激のある街〟の方が仕事へのイメージがしやすかったこと。

それから、教育面。公用語として、英語だけではなく、中国語（マンダリン）にも力を入れている点だ。これまでの10年間を振り返ると、アジアの中で中国の台頭は無視できない。英語と中国語が話せるようになったら、世界中の多くの人とコミュニケーションできるようになるし、何より中国の隣国の日本人として活躍の場が広がるのではないか。

子どもたちの通う学校には毎日1時間、中国語の授業があるそうで、ネイティブほどに習得できなくても、幼い頃から毎日その言語に触れる時間があるだけでもとても意義があると思う。さらに人種や宗教など多様な点も惹かれる。シンガポールには中華系、マレー系、インド系、欧米系など、様々な人が住んでいる。きっと子どもたちも多様な価値観に自然と触れていくこととなる。

夫の決断に、私が思うこと

よくいただくのが、「旦那さんの決断に萌さんはどんな気持ちですか?」というご質問。確かに、夫が言い出さなかったら、自分から「海外で生活したい、子どもと私だけでも母子留学のような形で行きたい」とは絶対思わなかったと思う。

でも、長女が小学生になり、なんとなくこれから先の暮らしの見通しが立ちそうと思っていた今、海外移住という見通しの立たない出来事がやってきて新しいチャレンジができることに単純にワクワクした。

私は大きな決断をするときは、まずやると決めて飛び込んでみることをモットーにしている。そして準備期間は両目を見開いてしっかり状況を見極める。よくない方向に物事が進みそうなときは、何かトラブルが起きたり、ダメな理由がいくつか重なるものだ。

一例として夫からのプロポーズの出来事をよく思い出す。夫から「結婚しよう」とプロポーズされたのは交際から2ヵ月と早かったのだが、そのときも即決でOKを出した。でも実は、入籍までの半年間はいろんな迷いがあった。このまま交際期間も短い中、進んでいいのか、と悩みながらタクシーに乗っていたあるとき、「お客さん、お客さんを乗せてから全部の信号が青ですよ！」と運転手さんにびっくりされたことがあった。六本木から当時私の自宅のあった目黒までの約20分間、そう近くはない距離だった。

別の日も行く先々の街の至る所で「オリエンタル」と名のつくものに出くわしたことがあった。オリエンタルビル、オリエンタルフード、オリエンタルなんちゃら……。「ああきっと、オリエンタルにGOってことだ。そんなもんだ、結婚しよう」と決心した。今振り返ると、おーい、お嬢さん大丈夫!?　とツッコみたくなるし、それは両目を見開いていると言えるのか？　と老婆心が働くけど、そのときは「そうだ！」と神の思し召しのように感じまくった。

幸い、あのときの思し召しは概ね良好な結果をもたらしている。

目の前にあるのは自由な選択

さて、シンガポール引っ越し宣言から、出発まで、いろんな状況を見極めていたが、特に悪い兆候が表れることはなかった。それよりもむしろ私の考え方にとてもいい影響を与えてくれた。住む場所を選ぶのは自由だ、と知った瞬間、全てにおいて私の目の前にあるのは圧倒的な自由だと思った。住む場所は世界中どこだっていい。うまくいかなかったら、またすぐ日本に帰ってきたらいい。髪型だって着る服だって、なんだっていい。誰かに決められてるわけじゃないし、派手な服を着ようが、髪色が何色だろうが私の自由だ。地味で控えめではないことが母親失格だって誰が決めた？

料理だって作りたくないときは作らなくていい。子どもと夫とニコニコ「おいしいね」って言えることが何よりも素晴らしいはずだ。日本の惣菜メーカーの企業努力はすごいし、出前も美味しい。睡眠時間が削られたってきっちり夜寝なくてもいい。夜中に目が覚めて、また眠りにつこうとしなくたっていい。

「きっとうまくいく。うまくいかなくっても大丈夫」そう思えた瞬間生活のあらゆる局面で、目の前にあるのは自由な選択肢だと知れたのは私にとってすごく大きな財産だ。一度しかない人生なんだから。もちろん、自由であることは責任を伴う。たとえば国を越えることはもしかしたら自分の身を、子どもたちの身を危険に晒すことかもしれない。選択の責任はあるけれど、それと同時に何が最善かという思考が生まれることも知った。

当時の私は35歳、人生で最大級の大きなチャレンジに直面した。この道を行けばどうなるものか。今のところ青信号です。

超多忙な夫との「山あり谷あり」10年を振り返って思うこと

夫と付き合って10年

2021年6月。家族でシンガポールに移住して3ヵ月ほど。我が家はだんだんと移住生活にも馴染んできていた。だいたいどこにどんなお店があって、どんなものが買えるのか。ここのレストランは美味しい、ここは日本人好みの和食があるなんていうこともわかってきた。行く先々で顔見知りの人たちも増えた。子どもたちは、長女は絵画教室、長男はサッカー教室での習い事を始めてそれぞれ楽しんでおり、家族全員がこちらの生活に根を下ろし始めていた頃。

私と夫は結婚9周年を迎えた。付き合いだしてから結婚に至るまでは8ヵ月ほどだったので、交際スタートからこの年の秋で10年だった。

結婚して翌年には長女が誕生したため、夫婦二人きりで長い時間を過ごしたわけではない。しかも、結婚した当初はお互い仕事もしていたので、子育てや、仕事の変化、住環境の変化といろんな局面で、お互いそんな一面もあるんだ、とか、年月を経てこんなところが変化したなあ、と感じることが多い。

山あり谷ありの10年間だった

さまざまな場所で情報発信する中で、「いつも夫婦仲良く家族いい雰囲気だね」と言っていただくことも多いけれど、実はこの10年間ずっとそうだったかというと、決してそうではないと思う。

それはきっと多くの夫婦がそうであるように、山あり谷ありだった。しかし、やはり、生活拠点を海外に移す、しかもコロナ禍で、という超ハードモードの引っ越しを乗り越え、ガラッと生活が一変したことが夫婦関係にも変化をもたらしたと感じる。

家族の絆が深まったし、家族が協力し合わなければ生きていけない、という共通の思いがどこかにあるからこそ、今は全員が対立したり足を引っ張ったりしている場合ではなく、力を合わせよう、となっているのだ。家族という小さな単位の共同体の話だけど、これは、会社や学校、社会、国、あらゆる共同体につながる話だよな、とぼんやりと思ったりする。

付き合い始めたばかりの頃は、それは20代後半の若い二人だったから、お互いゴツゴツした岩のような状態だったと思う。それまでのお互いがそれぞれ歩んできた道のりに私も夫も自負はあった。だけども、それを誰かに認めてほしい、もっと世界から肯定されたい、という思いもどこかに抱えていて、衝突したり、相手のちょっとした言動に自分が否定されている気がして傷ついたりした。

もう一緒にいない方がいいかも、とか、もっと自分を受け止めてくれるクッションのような存在は他にいるかも、と考えたりもした。でも、付き合っていたときに彼が言った、「君と僕との間には、誰かもう一人、小さい子が見える気がする」という言葉が、私はとても嬉しかった。

子どもがいずれ欲しいと思っていたけど、でもすごく強い願望というわけでもなかった当時、私との間に家族のようなあたたかな未来を思い描いてくれている彼の言葉がとても幸せで、最終的にはそのときの言葉がその後の人生のいろんな場面を支えてきてくれたように思う。どんなに喧嘩しても、夫が不在の時間が長くても、この人は私との未来を見つめて一緒にいることを選んでくれた人なのだ、と力を与えてくれた。

初めての子育ては、ほとんど一人だった

出会ってから数年間の夫は、すごくすごく忙しい人だった。例えるなら、泳ぎを止めると死ぬと言われているマグロみたいだった。華々しいテレビでの活躍はよく知っていたし、私たちもテレビでの共演が縁で知り合ったが、テレビ収録のない日は新宿のルミネtheよしもとや大阪、京都にある吉本の劇場に出演し、オリエンタルラジオで漫才を披露していた。

週末は週末で今度は地方での営業の仕事が舞い込んでくる。各地方での漫才公演へ向かう移動時間を含めると、朝イチで出かけて深夜に帰る休みのない毎日。本当に文字通り一日たりとも休みがなかった。新婚の頃、体が心配になってもっと休みを作れやしないのか、と聞いたこともあった。

だけどその当時は「休みたいだなんて言ったら、全部の仕事がだめになってしまう。芸人は365日24時間面白いことを常に考えてなきゃいけないんだ。立ち止まれないんだよ俺の人生は」と言っていた。私はそのとき思った、私はアスリートと結婚したんだ、と。3ヵ月に1日、休みができたときですらも心ここに在らずという感じで不安そうな顔をして過ごしていた。このままどこにも呼ばれなくなって、仕事がなくなってしまったら、俺はどうしよう、と。

そして、1年後に長女が生まれる。長女はまさに、新宿ルミネtheよしもとの1回目の漫才公演と2回目の漫才公演の間に生まれ、奇跡的にもそのわずかな休憩時間の中で立ち会い出産ができたのだった。長女が生まれてからも、夫の仕事のスタイルは変わらなかった。一方の私は、妊娠をきっかけに全てのレギュラー番組を卒業した。夫はますます自分が頑張らなくては、と仕事に励むようになり、私は初めての子育てをほとんど一人で向き合わなくてはならず、不安だった。

中途半端な自分がもどかしかった

さらに第2子の長男がその3年半後に誕生した。夫が『PERFECT HUMAN』で紅白歌合戦に出場して迎えた新年すぐの1月のことだった。以前に比べると、休日を週に1日ほど作れるようになり、地方の営業が以前より少なくなったためスケジュールが比較的緩やかになっていた。でも、相変わらず夫は多くのレギュラー番組に出演し、忙しかった。そして、大ヒットの楽曲に恵まれながらも常に、いつか呼ばれなくなったらどうしよう、『PERFECT HUMAN』の次の曲はどうしよう、という不安を抱えていた。

私は二人の子どもを抱え、当時の記憶がないほどに目まぐるしい日々だった。

そして私も、自分や子どものことで不安だった。その頃にはママ友、パパ友のような友人とともに過ごすようになっていたが、隣の芝生は青く見えるとはよく言ったもので、周りのママやパパが完璧に子育てと仕事との両立をしているように見えた。

私はテレビの出演機会はめっきり減り、さほど仕事もしていない身。なので、仕事をしっかりとこなしている人と比べては自分の不甲斐なさが嫌になったし、専業主婦を全うし子育てや教育に注力している友人と比べてはあまりにも自分の中途半端さが目についた。土日は家族で過ごしているママ友パパ友が羨ましかった。週末家族でどこかへ出掛けて思い出を作ってくるご家庭と比べて、私と家や近所で過ごすだけの我が家の子どもたちに申し訳ない気持ちになった。

夫が仕事に集中できるように、と、私も車のペーパードライバー講習を受け、車で郊外に子どもたちを連れて行ったり、母子旅行に繰り出したりしたが、すぐに息切れ。何もかもうまくいかない自分自身のイライラを、夫にぶつけたりもした。

突然の「良い夫やめました」宣言

夫がウェブ媒体で「良い夫やめました」宣言をしたのもこの時期だった。「何かができるようになったり子育てを頑張れば、その次の妻の要求が高くなる。その要求に応え続けることにもう疲れてしまった。妻の思い描くいい夫像を自分に当て嵌めるのは夫婦にとっていいことなのか？　自分は疲れてしまったので、ここからは自分の好きなように生きさせてもらう」そんな宣言だったと記憶している。

私はこの記事を夫から聞かされることなく、ネット上で初めて目にしたので、ひどく傷ついた。「この記事のような仕打ちを夫にするなんて福田萌はひどい妻だ」「いやこんな宣言をするなんて中田は最悪だ」と私たち夫婦への世間からのバッシングもさらにその傷をえぐった。

ヒートアップする世論の裏で、私は夫に率直に話してみた。私はとても傷ついた。この記事の真意は何か？　と。そしたら夫は意外とケロッとしていて「夫をやめるわけではない、〝良い夫〟をやめるだけだ」という言い方をしていた。なるほど、離婚する意思があるわけではないとはっきりして安心した。そして、夫の言葉を聞いてなぜか私も肩の荷が下りた。私はそれまで、誰かと比較して劣等感に駆られ、〝誰から見てもいい妻〟になろうとしすぎていたことに気づいた。子どもにとっていい母で、夫にとっていい妻なら、あとはどうだっていいじゃないか。そんなふうに開き直ることができた。

その日から、夫の帰りは遅くなったが、私も工夫して、家事代行の人をお願いすることにした。私にとっては毎日の夕飯作りがとても大変だったので、料理の作り置きと、キッチンの掃除、たまにアイロンがけなどをお手伝いしてくれる人を頼んだ。たまにベビーシッターをお願いして夫婦の時間を作ったり、友達同士だけで夜お酒を飲みに行く時間も作った。そして何よりも子どもたちととことん向き合った。

夕飯に夫がいない時間も子どもが寝てから夫が帰ってくる生活も、私は友達家族と過ごしたりして存分に楽しんでいたので、段々とそれが当たり前になり、気にならなくなった。そして夫は自分にできることを模索しているうちにＹｏｕＴｕｂｅにたどり着いていた。それは今までの「呼ばれなくなったらどうしよう」という不安を払拭してくれる仕事だった。夫はＹｏｕＴｕｂｅに出逢ったおかげで、精神的な安定を得たように思う。


この原稿を書いている今も、夫は私の部屋の斜め向かいの部屋で本を読み、収録のセッティングをしている。ほんの2年ほど前はあんなにバラバラに生活していた私たちなのだが、今は家から一歩も出ることなくそれぞれの仕事を家でこなし、同じ屋根の下にずっと居続けている。子どもたちは先日こんなことを話していた。「シンガポールでは学校から帰ると毎日パパが家にいてくれて嬉しい」と。これまでずっと夫婦別の寝室で、子どもたちは私と一緒に寝ていたのだが、長女は今初めてパパのベッドで一緒に寝ることが嬉しいのだそうだ。

今のこの生活が家族全員にとってよかったな、と思うけど、またこの形もいつか変わってしまうのかもしれない。でも、きっと夫は私と未来を見て歩んでくれる人だと信じて、どこにいても、どんなときも、しなやかに生活を送っていきたいと考えている。

「着物で正座する夫」を見て感じる自分の成長

お互いにとって最善の方法を探ってきた10年

2022年6月に私たち夫婦は結婚10周年を迎えた。不思議なものだ。結婚したのはつい先日のような気がするし、でも気づけば今年9歳になる長女がいるということはそれなりに年輪を重ねてきたということになるのか。

「この人と結婚したい」と強烈に思って一緒になったはずだが、お互いの性格やバックグラウンドが違うから、「相性が悪いかも」「絶対に理解できない」と思うことも多々あった。

育ってきた環境が違うから　好き嫌いはイナメナイ

そういうときに決まって、SMAPの『セロリ』という歌が頭の中で流れる。

それは本当に生活の些細なことで、歯磨き粉のキャップをきっちり閉めるか閉めないかとか、お皿洗いのときの水切りに置くお皿の向きとか、家事への取り組み方、子どもの勉強への関わり方とか文字にするのも億劫なほどのことだ。まるっきり価値観が違うというわけではなく、かといって修正しようのない微妙なズレだからこそ、お互いに諦めたり、譲り合ったり、最善な方法を探ったりを繰り返しながら、これまで一緒に生活してきた。

ただ、そういう一つ一つを想像すると、世の中に相性100%、何もかも思い通りの夫婦は存在するのだろうか、と思う。どの夫婦もそれぞれに努力してすり合わせながら、なんとか生活を共にしている人が大半ではないだろうか。

結婚前は占いが大好きで、気になる人ができる度に生年月日やら何やらを調べ上げ、あの人との相性はどうかしら、なんてやっていたのだが、こと夫に関しては、相性が悪い結果が出そうだから占いはやめておこう、と占い巡りの趣味をぱったりとやめた。一つの占いの診断に勝手にジャッジされたくないという思いもある。それほど、夫婦の歴史は複雑に絡み合っていて、誰にも介入されたくないのだ。

結婚前の審査期間を経て

よく、長くお付き合いしてその人をよく見極めてから結婚したい、最低でも3年は必要と聞いたりもするが、私たちの場合は交際8ヵ月の結婚で、いわゆるスピード婚だった。勢いに任せて、と思われるかもしれないが、プロポーズを交際2ヵ月で受けてから、夫への目線がグッと変わった。私も結婚したいという強い思いがあったが、一方で一生を共にするかもしれない相手なのだという現実に、頭から氷水をかけられたかのようにピンと冷静な気持ちになった。

私は、プロポーズ前の交際期間とプロポーズ後の時間は、全然違うと考えている。プロポーズからの日々は最終オーディションのようなものだ。アイドルでも最終オーディションで勝ち残れずデビューできない人がいる。

本当にその人はアイドルとしての価値があるのか、その後も成長し、品行方正を保ち、ファンに応援される逸材になるのかを見極める期間が最終オーディションだとしたら、私はプロポーズ後、ハネムーンのような甘ったるい気持ちは3割ほどで、残りの7割は審査員長の心構えで相手を見つめていた。

もちろん、夫にとっても私を見極める期間だったと思う。「結婚前は両目でよく見て、結婚したら片目をつむって」というどこかの誰かの言葉が胸にずっとあった。結婚後は多少のことは片目をつむって大目に見てあげなくてはいけない。両目で見極める最終審査はこの半年しかないのだ。

そんな中、一番信頼に足るなと思えたのは、夫と藤森さんとの関係性だ。夫と藤森さんは当時知り合って10年ほど経っていた。学生時代からの親友である夫と藤森さんは、コンビになってから、とても仲がいい時代と、悪い時代を両方経験してきたと交際中に話してくれたことがあった。しかし、それでコンビを解散しようなどと思ったことはなく、10年を振り返ると、相手の悪いところもいいところと背中合わせで、相手の少し気になるところも年月を経て受け入れられるようになった、と語っていた。

そういう夫婦のような関係性の相手が妻以外にいるというのも珍しいことだけれども、その話で夫は「たとえ一時的に仲が悪くなっても、簡単には関係を解消しないタイプの人なんだな」ということがわかった。

終わりのないジェットコースター

それから私たち夫婦も10年が経とうとしている。10年前は日本で活躍するお笑い芸人と結婚したと思っていた私。10年後もお互いテレビに出られていたらいいな、そのために頑張ろう！　と思っていたが、まさかのまさか、テレビに出てもいなければ、日本にすらいない私たち。振り返れば6年前は『PERFECT HUMAN』で紅白歌合戦に出場して、当時3歳の娘は「私のパパは歌手」と周囲に言いふらして回っていたっけ。

この10年、夫の隣にいて終わりのないジェットコースターに乗っている気分である。「よく中田さんと一緒にいられるね」と感心とも心配とも取れるお心遣いをいただくこともあるが、私はジェットコースターが好きなのだ。気を抜いたら、頭がもげそうな、生きるか死ぬかくらいのヒヤヒヤする思いをしながら、その時々で最適な体勢を取ってジェットコースターにしがみついている感じだ。

先日、夫はまた新しいことを始める決意をしたらしい。

日本に帰国した際に「40歳を迎える中田が、尊敬する先輩にお話を聞こう」というYo

uTubeの企画で対談した糸井重里さんと山田五郎さんから立て続けに「40代は趣味を見つけた方がいい」「茶道がおすすめ」とアドバイスを受け、突然茶道を始めることになったのだ。

その次の週には家族で日本橋の三越を訪れて、高級な茶器と掛け軸を購入した夫。シンガポールに帰国してから早速、師匠の先生を見つけて、毎週茶道のお稽古に励み、「茶道には芸術、礼節、素養、あらゆるものが揃っている」「海外にいるからこそ、日本人として、日本の文化を継承し広めたい」と意気込んでいる。

まるで北島マヤのような夫

シンガポールの家で着物を着て正座している夫を見ると、すごいなと感心すらしてしまう。なんというか、こうと決めたら動かずにはいられないというか、夢中になってしまう力がすごいなと思う。

夢中になった夫は誰にも止められないので、私もそっと見守る。夢中力の話で言えば、例えばYouTubeで本を紹介するときも、一度その本の世界に入り込んで、本を丸呑みしてからじゃないと授業ができないようなのである。だから〝アルコールをやめる〟と

茶人を目指し和服を着る夫。

いう本を読めばしばらくはアルコールのない生活を送るし、〃ヴィーガン〃に関する本を読めば、しばらくヴィーガンの生活を続ける。そしてその本の要素が抜けた頃にその生活を突然やめる。

私はそれを漫画『ガラスの仮面』の主人公の北島マヤのようだな、と感じる。北島マヤも一度お芝居の世界に入ってしまうと、生活全てにそのお芝居の役が憑依してしまう体質で、どんな役でも演じられる天才女優として描かれている。夫もまさに夢中力というか、憑依力というか、それがあるのではと思う。

それに気づいてから、夫をどうにかしようと思うのはやめた。だって、役に入りきっている北島マヤに、お願いだから日常生活は普通にマヤとして生活してちょうだい、って頼めます？

そんなこんなで、夫のことを面白がりながらも、どこかで冷静な自分を感じている。私は地に足がついていて、根っこがちょっと土に刺さっていれば、多少のことでは心がざわざわしなくなったなという思いがある。それは、人の道に外れていない、とか、最低限家族が寝る場所と食べるものがあればどこでも生きていけるよな、とか、そんな思いのことかもしれない。

シンガポールのスコールのように予測できない夫のそばにいて10年。大体のことには驚かなくなって大らかになれたことは、私自身も成長した10年と言えるのかもしれない。

移住1年で、夫から言われた「感謝の言葉」

移住からあっという間の1年

2022年3月。シンガポール生活は丸1年を迎えた。体感的にはあっという間の1年だった。

この1年でシンガポールという国の性格がとてもよくわかった気がする。特にコロナ禍で、厳しいルール変更がいくつもあり、それに対応しながらの生活だった。マスクは飲食と運動以外は必ず着用しないとダメで、違反すると罰金が科せられることもあった。

他にも建物内に入るときのルールや、食事するときのテーブルの人数など、感染状況に応じてその都度、ルール変更のスピードが凄まじくて、英語が完璧ではない私は日々変わる情報をキャッチアップするのに必死だった（とはいえ、英語が母国語ではないという背景を持つ人が多いこの国では、ルール変更が絵やグラフを用いながら、SNSやテレビ、ラジオなどで繰り返し周知を徹底している点が親切に感じた）。

度重なるルール変更に対応していく街の姿を見ているうちに、さまざまな国の人々が交じり合うこの国だから、ルールこそ徹底すれど、それぞれの文化や生活は許容し合うという側面があるのかもしれないと感じた。ルールは厳しいけれど、街の人々はとてもフレンドリーで優しいし、ルール上ソーシャルディスタンスは保ちつつも、心の距離は近くにあると感じる場面にたくさん遭遇したのが印象的だった。

マスクのなくなった世界で、子どもたちの外での表情が見られたときはたまらない気持ちになった。遊んでいるときに、笑ったり真剣な顔をしたり落ち込んだり、そんなコロコロ変わる表情を見せる子どもたちにとって、本当によく耐えた2年だったと思った。どうかこのままマスクのない暮らしが定着するといい。

思い返せば娘が小1になるタイミングでコロナ禍になり、初めての日本の小学校の給食は全員前を向いての黙食、そのシーンを想像しては、胸がぎゅっとなっていた。シンガポールに来てからの娘と息子の英語でのコミュニケーションはほとんどマスクをつけて行われた。音だけではなく唇の動きも言語習得に大事な要素と言われている中、二人はとても苦労したと思う。

マスクがなくなり、言語習得のスピードアップにも期待ができそうだ。友達との外遊びのときにマスクなしOKだなんて親の私まで心が躍るような嬉しい気持ちだ。

さて、そんなこんなで移住から1年。先日夫にしみじみと「君が快くシンガポールに行くと言ってくれたことが本当にありがたいと感じる」と言われた。

夫は最近、いろんな方とお話をすることで、家族まるごと居住地を変える難しさを知ったのだそうだ。それは奥さんが絶対に引っ越したくないと頑なだったり、子どもの学校のことだったり、自分たちの両親のことだったり……、いざみんなでどこかに移住しようと家族に提案しても、賛同を得られないというのは頻繁に起こり得ることなんだと実感したらしいのだ。

移住で感じる夫の変化

夫は「前言撤回」が座右の銘で、周りにはその座右の銘を披露するたびに驚かれる。そんな夫の「前言撤回」に私は慣れていて、「シンガポールに行くぞ」と言われても、半分は心の中で準備をしながら、もう半分は「やっぱ東京から引っ越すのやめた」と言い出すのも全然あり得るな、と思っていた。もしそうなったら菓子折りを持って関係各所に謝罪行脚に私が出向けばいいだけだ、と腹をくくっていた。

しかし意外にも、シンガポール移住に夫の前言撤回はなかった。だからシンガポールへ旅立つ日の朝、羽田空港へと向かう車の中で私は急に実感が湧いてきて、非常に寂しい気持ちになって込み上げてくる涙を抑えた。

そんな家族の移住を一緒に乗り越えたからだろうか、最近夫がとても私のことを尊重してくれるようになったなと感じる。日本にいるときは、友達と夜ご飯に行きたいと夫に言い出すことをすごく遠慮していた。

夜に予定を入れたいときは事前に必死に調整をするか、調整がむずかしい場合はシッターさんを頼むなどして、私の自由時間をひねり出すしかなかった。自分の時間はほとんどないようなものと感じていたが、今は私が当日に友達と夜ご飯に出かけてくるねと言っても快く送り出してくれる。

シンガポール移住で得たもの

これまで仕事の先輩だった夫。年齢も収入も夫の方が上だったため、なんとなく役割的に夫がリーダーで、私がサポート的な立ち回りになることが多かった。でも、シンガポールに来てシンガポール歴は同じだし、私には留学経験があるので、英語力に関して夫は、私の方が上だと思っているらしい（実際は、芸人ゆえか夫のコミュニケーション力は凄まじいものがあり、たとえ1つの単語だけでも相手に伝えるパワーがすごいなと感じる場面が多々ある。言葉ってハートで伝わるんだということに感心している)。

だからだろうか、夫がすごく私を対等な目線で見てくれるようになったなと感じる。さらには、私のことを頼る場面も多くなったような気もする。全くの異国の地で暮らす同じ移住者として、私のことを頼もしく思ってくれるようになったのならとても嬉しいことだ。夫にとっても常にリーダーシップを取らなくてもいい状況というのは、肩の荷が下りて気楽になったのではないか。

夫婦関係の変化を期待して移住したわけではなかったが、結果として移住がきっかけで夫婦関係がいい方向に変化して私はとても生きやすくなったなと感じている。子どもたちも成長し乳幼児期よりも手がかからなくなってきたこの頃だ。

「萌さん、シンガポールに来てイキイキとしていますね」と声をかけられることが多くなった。私は今日も深呼吸しながらシンガポールの街を行く。

夫に振り回されない「強さ」を与えてくれた父の存在

アスファルトの上で咲くタンポポに共感

先日ひろゆきさん（西村博之さん）とYouTubeで対談した。どんな質問が飛んでくるのかとドキドキしながら2時間に及ぶ生配信での対談だったが、終始楽しくお話をすることができてあっという間に時間は過ぎていった。

対談では、ひろゆきさんの目線から「夫・中田敦彦の生き方に振り回されていることに抵抗はないのか」という質問をいただいた。「いやいや、全然そんな振り回されているなんてことはなく、ご機嫌よろしく過ごしていますよ」と答える私に驚かれていた様子だった（ご自身もパリに移住していらっしゃるひろゆきさんに質問される構図が面白かった。そっくりそのままひろゆきさんの奥様の、ゆかさんに同じ質問をしてみたいとも思った。ひろゆきさんのゆかさんとは共感できる点が多そうで、ぜひいつかお話をしてみたい！）。

私はマイペースな方だな、と思う。あんまり心からびっくりしたりすることはなく、感情の起伏が激しいタイプではない。

「置かれた場所で咲きなさい」という言葉が好きだなーと思うのだが、物事に対してそんなにこだわりがある方でもない。でも、心のどこかはどっしりしていて、起き上がり小法《こぼ》師《し》みたいに倒れても倒れても起き上がれる重心を体の中に感じている。タンポポは踏みつけられても、アスファルトの上でも、たくましく黄色い花を咲かせるイメージがあるけれど、私もタンポポには常々共感する。きっとタンポポと私は似たような精神性だと思う。

14歳のときに見た「悪い夢」

私のこのマインドはどこから来ているんだろう？　とふと考えてみる。それは私の思春期に由来しているのでは、と思う。

忘れもしない14歳のある朝。とても悪い夢を見た。端的に言うと、私の父が病気になって死んでしまう夢だった。朝目覚めて、そんなことはあり得ないし、家族は父と母と私と弟2人の5人。平凡だけど普通に暮らしている。この姿が当たり前なのだから、そんな悪い夢のことは忘れてしまおうと思った。悪い夢のことは誰にも話せなかったし、言葉にしたらそれが現実になりそうでとても怖かった。

でも、その悪夢はのちのち予知夢だったと知る。

父が体調を崩し休職したのが夢を見た1年後。さらにその病気は「若年性アルツハイマー」と診断されたのが、私が16歳の頃だった。治療法がまだ見つかっていない脳の病気で、段々とあらゆることを忘れていってしまう病気。

16歳といえば、本当なら、夢や希望に胸をふくらませる年齢なのかもしれない。だけど、私に突きつけられたのは途方に暮れるほどに抗うことのできない現実だった。当たり前の日常は、当たり前なんてことはなくて、両手ですくった水のようにいつかは手のひらからこぼれ落ちていってしまう。その残酷さを16歳のときに知った。

父の闘病中、1年間の留学という決断

父は闘病の末、私が23歳のときに亡くなった。

昨日できたことが今日できなくなる、という現実をたくさん見た。母は働きながら、父の介護をした。病気になってからの後半のほとんどの時間を良い施設にお世話になり、そこで生涯を閉じた。

どんなときも家族は前向きだった。父が若年性アルツハイマーだと判明した1年後、父自身も自分の病気の進行を自覚していたときに、私を1年のオーストラリア留学に送り出してくれた。もしかしたら留学から帰ってきたときには娘の私のことを忘れてしまっているかもしれない。そんな状況でも父は「行ってこい」と送り出してくれたのだ。母も「家族みんな後ろ向きになってはいけない。萌ちゃんは家族に明るい光を見せてほしい」と言ってくれたのだ。

とても勇敢な父と母だなと思った。

留学に行きたいと思ったのは、今振り返ると半分家族の現実から逃げたい、という気持ちがあったのだと思う。そんな私のずるい気持ちを知ってか知らずか、両親があのとき留学させてくれたことを今でも感謝している。

人生のボーナスステージ

留学中は、こんな状況で送り出してくれた家族への気持ちに報いたい、と日本人との交流を一切断ち、英語を絶対モノにするんだと励んだ。その後も絶対に学費を抑えたい、と国立大への進学を希望し勉強した。現実から目を背けて逃げたいと思えば思うほど、それが逆に自分の頑張る原動力になっていた。

父が病気になったときに、私の人生は一回終了したような感覚があって、当たり前の日常は当たり前じゃないし、今ある幸せは明日にはないかもしれない、と知った。それを一言で言い表せば「不安」ということなのだけど、だからこそ今は人生の第二ステージを味わっている感覚がある。

第二ステージはボーナスステージだ。

第二ステージの人生は、後悔なく過ごしたい。今ある「生」を思いっきり生きたいし、感じたい。人間はあっけないものだ。幸せは当たり前ではないものだ。だったら火力強めで、思いっきり今ある幸せを全身で感じたい！　と思っている。だからこそ、ちょっとやそっとの人生の大イベントや夫との暮らしも、揺るぎない気持ちでどっしりと楽しむ姿勢ができているのかもしれない。

タンポポを見ると、どんな環境でも生をまっとうしている感じがする。私は咲いて、生きて、種を飛ばしてやる、という気合を感じて好きだ。人の一生も、咲いて、生きて、種を飛ばす、そう思ったらシンプルだ。

column1

中田敦彦が考える「夫婦のこと」「妻のこと」

結婚するなら、共に戦える人がいい

妻から、「孤独そうに見えた」というのはよく言われましたね。ずっと前、まだ僕が喫煙していた頃の話ですが、仕事で一緒になった際に喫煙所でタバコを吸う僕を見て、「この人を守ってあげる人はいるんだろうか?」と思ったというんです。「僕のことを守りたいと思ってくれてたんだ!?」って、その一言を、すごく面白く感じた記憶があります。

ちょうど僕自身、「恋愛と結婚は大きく違う。自分はどんな人と結婚するんだろう?」と考えていた時期で。それまではいわゆる女の子っぽい人と言いますか、守ってあげたくなる少年マンガのヒロインみたいな子が好きなんだろうなと思っていたんです。けれど、こと結婚となると「自分だっていつも相手を守れるわけじゃない。人生を共にするなら、人としての強さを持った女性がいいのでは」という意識があった。言ってみれば、共に戦える人ですね。

実は妻と付き合い始めて1ヵ月ほどたった頃に、別れ話を持ちかけたことがありました。理由は何かと言いますと、彼女って片づけがあまり好きじゃないんですよ（笑）。反対に僕はものすごく片づけを重視するタイプなので、これは合わないなと。結婚につながらないのなら、ズルズル付き合うのはお互いタイムロスするだけじゃないですか。そこで彼女の家に行き、「もうお別れしましょう」と伝えたんです。そうしたらものすごい勢いで反論されまして。

「これまで片づけてくださいと言われたこともないし、片づけの基準を示されたこともない。急にそんな話を持ち出されても困ります」と。で、僕が「片づけ、好きじゃないですよね？」と聞いたら「そんなことないです。これからの私を見ていてください！」って（笑）。その言い方があまりに力強かったので、そういうもんかなと考え直したという経緯がありました。

欠点を受け入れても一緒にいたいかどうか

今は自分でもわかってきているのですが、どうも僕は発する言葉が人より強いようです。口喧嘩をすると相手に大きなダメージを与えてしまうこともあるため、それまでお付き合いした女性からもあまり言い返されたことがなかったんですね。だけど彼女は、「あなたの言っていることはおかしい。付き合いを解消することは受け入れられません」と僕の意見を押し返してきた。彼女の理論が正当だったかどうかはともかく、そこに結構な気迫を感じたんです。それがすごく面白かった。

結婚して10年。あらためて思うのですが、やっぱり片づけは好きじゃないみたいです（笑）。「これからの私を見ていてください！」は、一体どこへ行ったんだと思いますけど、人間、誰にでも欠点はあります。妻はどうしたって妻だし、相方はどうしたって相方だし、僕もどうしたって僕だし。できないことをグチグチ言っても仕方ない。

結局のところ、欠点を受け入れても一緒にいたいかどうかなんですよね。片づけに関しては僕の勘が当たっていたわけですが、「お付き合いを続けたほうがいい」という部分に関しては彼女が正しかったとしみじみ思います。

妻は小柄ですし、名前も「福田萌」とやわらかい。顔もちょっとタヌキ顔で、見た人は誰もが「中田の被害者だ」と思うでしょう。「かわいそうだな、あんな男の隣にいたら大変だろうな」って。でも実際はそうでもないところを、僕は面白いと感じています。僕に言い返す強さがあるからこそ、夫婦として上手くやっていけているのでしょうし。彼女の面白さがそこにあることに、世間はいつ気づくんだろう？　気づかれてないってことは、まだまだ伸びしろがあるな。——そんなことを思いながら日々過ごしています。

仕事に対する集中力はすごいが、人の気持ちがわからない

結婚10周年のタイミングで妻から言われたことも、ものすごく印象的でした。夜、夫婦で飲みながら記念日を祝っていたときに、「あなたって仕事に対する集中力はすごいけど、人の気持ちがわからない人よね」と言われたんです。僕はそれまで自分のコミュニケーションは一般的だと思っていましたし、そんな根本的なことを10年目にして初めて言われたものだからめちゃめちゃショックで。「俺なりにすごく頑張って、最近は人の気持ちがわかるようになってきたと思ってたんだけど⁉」って（笑）。

でもその後、「そうか、俺という人間は、何か突出したところとものすごく欠落したところがあるなとは思っていたけれど、そういうことか！」と、妙に納得できたんです。

考えてみたら昔から、「なんでそれを言っちゃダメなんだろう？　言っちゃえばいいじゃん」とか「言われて傷つくことがそんなに大変なことかな？」と、人付き合いで違和感

を覚えることが多々ありました。学生時代、同級生に「おまえは人を見下している」と言われたこともあります。そうやって人の気持ちを推し量れないところが、さきほど言った「相手にダメージを与える物言い」に繋がっていたんですね。

人の気持ちを察するのが下手だと年を重ねてから気づいたわけですが、でも、こうして妻や子どもたちのように、それなりに僕をリスペクトしてくれたり、愛してくれたりする人もいる。以前はよくわからなかったことも今ではちょっとずつ整理できるようになってきたので、それなりに成長できているのかなと思っているのですが、どうでしょう？

第2章

コロナ禍、突然決まった海外移住

新しい環境での家族生活

驚愕……住む場所がない！　移住直前にまさかの大事件

姉さん事件です！（古い）　突然の入国延期！

忘れもしないシンガポール移住まで残り1ヵ月を切った2021年2月1日の朝、移住をお手伝いいただいているエージェントから夫にメールがあった。「コロナ禍での入国者調整のため、シンガポール入国を3月末に遅らせてください」という要請だった。

確かに、コロナの感染拡大が懸念される中、私たち家族を一度に4名も入国させることのリスクを考えると、その要請は理解できる。ただ頭では理解できたとしても、これまで「2月末に行くのだ！」とそこに向けての段取りを組んでいた我が家にとっては青天の霹靂だった。頭が混乱する中、思いつく順番に様々な調整に奔走した。

まずは子どもたちの学校や幼稚園に、2月末で退学・退園する連絡をしていたのを3月まで延長することを伝えた。先生方やお友達は学年の最後まで一緒に過ごせる時間ができたことをとても喜んでくれ、快く調整してくださったことに思わず私も安堵した。それから、不動産会社に連絡をした。私たちがそれまで住んでいたマンションは賃貸で、2月末での退去を申し込んでいたのだが、その期限を延長できないかと問い合わせた。すると、すでに解約手続きをしてしまっているため、それ以上の延長はできないこと、さらに次の入居者がすでに決まっていることが不動産会社より伝えられた。

困った。3月から住む場所がない。夫からは「ホテルでよくない？」と言われたが、それは遠慮したかった。

シンガポールで待ち受ける「2週間のホテル住まい」

なぜなら、シンガポールに入国してからすぐに2週間のホテル住まいが義務づけられている。この当時のシンガポールは隔離措置のため、そういった対策が取られていたのだった。

コロナ禍、シンガポールの隔離は世界的にも特に厳しいと言われていた。どのホテルに滞在するかも私たちを乗せたバスが到着するまでわからなければ、入室後は一歩も部屋から出てはいけない。規則を破った人は国から強制退去の措置。用意される部屋も窓が開けられなかったり、窓がない部屋もあったりするらしい。食事は3食、ホテルよりドアノブにかけられる形で支給されるが、中には子どもが好んで食べないような食事の場合もあるらしい、などの話を聞いていた。

もしも全食子どもが口をつけなかったら、という最悪の場合を想定して、日本からパック入りのごはんやフリーズドライの味噌汁を、持ち込める範囲いっぱいに、スーツケースに入れて持っていくことを考えて準備していた。だから、いくら日本国内でまだ自由が利くとはいえ、追加での1ヵ月間のホテル住まいは、食べられる食事も限られてしまう。子どもの栄養的に大丈夫か、と心配になった。

まず、家の近くにキッチン付きのウィークリーマンションがないか検索した。すると長女の学区内に1軒、家族で過ごせそうな部屋が空室で見つかった。見つけてすぐにその部屋を管理する不動産会社に電話した。もしかしたら我が家と同じように海外行きが見送りになり住まいを失ったご家庭が近所にいたら、この部屋は大争奪戦だ！　奪われてなるものか！　と謎の焦り。部屋も内見などしていなかったがその電話で即契約。「ふう、これで住む場所はなんとかなった」と、胸を撫で下ろした。

え！　夫だけ先にシンガポールに!?

2月2日。またエージェントから朝メールが夫の元に。「中田敦彦さんは、ビザの入国期限が迫っているので、元の予定通り2月末に入国するように」とのお達しだった。えええええ？　ナニコレ珍百景。なんでそんな大事なこと、毎日コマ切れで来るん？　なんで毎回朝なん？　夫のメールチェックのクセ!?　と頭がさらに混乱。

そのメールには、ビザを延長する手続きを行うこともできるが、ちゃんとビザが延長できるかの保証がないこと。ビザの期限が切れてしまったら、再申請のための書類なども、一から揃えなくてはならないこと。ビザ承認の基準がだんだんと厳しくなっているシンガポールではビザの再申請が通る保証がないこと、なども記載されており懸念点が多いので、延長や再申請を考えるよりも、ひとまず夫一人での入国を急ぐべき、という結論にいたった。

突然の夫一人いってらっしゃいシンガポールからの、前日に契約したウィークリーマンションには母子で生活、さらには母子で飛行機で渡航からの、母子での2週間の隔離生活と突然のスケジュールの大変更。夫とは約1ヵ月半合流できないことになる。大事件である。

特に2週間のホテルでの隔離生活が私と子どもたちだけになったことがズシンと私にの

しかかる。私は今回の渡航にあたり、特に夫と共に家族全員で隔離生活を行うことにこだわっていた。というのも、毎日公園に行くほど元気いっぱいの7歳と4歳の子ども。この二人をホテルに2週間も閉じ込めておけるのか？　と不安だった。

もしも思いっきり体を動かすことが難しくても、その場に大人が二人いたら、交代で休憩しながら子どもの面倒を見られるはずだ、と考えていたからだ。しかし、その頼りの人手が私一人になってしまった。オーマイガー。

予想外の展開……でも、良かったこともたくさんある

しかし、冷静になろう、と自分に言い聞かせる。このご時世なのでコロナ禍で移動することの大変さや突然の変更があることは、ある程度私自身も覚悟していた。なので、決めていた時期に入国できないこと、また最悪のパターンとして、母子3人での生活や隔離も、可能性としてあり得ると想定していた。全て想定内、想定内、と気持ちを落ち着けよう。とにかく、家族全員が無事に入国さえできれば、御の字なのだから。

予定が変更になったことの明るい方に目を向けると、まず子どもたちがこれまでの学校

や幼稚園のお友達と過ごす時間が増えたことが良かった。それから、愛犬チョビの輸送が夫の予定に合わせてできるので、夫の隔離明けに合わせて早めに日本から輸送することができる。全ての愛犬輸送の手続きは、ペットの輸送代行会社にお任せしていたが（そんな会社があるらしい！）、もし何かトラブルがあったときも、日本にいる私と、シンガポールにいる夫とでフォローできる点は良かった。

それから、一度、今住んでいるマンションを退去し家具家電付きのウィークリーマンションに1ヵ月間住むため、大きな荷物は早めに運び出せることが良かった。今世界的にコンテナ不足と言われており、大きな荷物の輸送にはいつも以上に時間がかかってしまうらしい。それを考慮しても時間に余裕を持って荷物を運び出すことができる。

家族みんなで、海賊船に乗っていってきます！

移住までの1ヵ月間、夫は隔離期間やシンガポールに腰を落ち着けるための準備期間を含めてもスケジュールに余裕を持って過ごせるよう、この2月は日本での仕事の仕上げ期間に入っているようだ。また、事務的な手続きなども並行して行っている。私も、子ども

様々なやりとりにモヤモヤしている私を夫が激写。

たちを学校や幼稚園、習い事へ送迎するなど、毎日の業務をしながら、少しずつ引っ越しの準備を進めている。いろいろ一気にやろうとすると、焦ってしまい頭がパニックになってしまうので、「一日一つずつ前進すればOK」と夫と声を掛け合って過ごしている。

「今日、私は、大型家具の配送手配をしました」「今日、私は、日本の銀行口座を一つにまとめてきました」と、一日の終わりに報告し合って、お互い「今日もがんばりました！」と労い合うのが日課となっている。

どちらかが「どうしよう？　無

事に行けるのか不安になってきた」とパニック状態に陥ってしまったときは、「大丈夫、一日一つ！」と声を掛け合っている。誰に決められたわけでもなく、自分たちで決めた移住なので、お互いを鼓舞し合いながら乗り越えるしかない。まるで、間もなく大海原に船出する船長と乗組員の心境だ。そして、イメージでいつも浮かんでくる私たち家族が乗っている船のイメージは、ガッチャガチャの海賊船だ。

このコロナ禍に日本を離れてしまう寂しさの一つは、日本でのお友達とのお別れが、会食などの自粛要請により、十分にできていないこと。それが一番悔やまれる。そんな限られている状況だが、ふとしたときの会話やスマホに送られてくるメッセージの中に、いろんな方からのたくさんの愛を感じ取りながら、日々過ごしている。今はビデオ通話もどこでだってできるし、どこにいても、何も変わらないと私は信じている。私自身もきっと変わらない。これが永遠の別れじゃないと信じて、家族一同「ヨーホー！」と行ってきます！

ついにシンガポールに引っ越しました！

まずは日本での母子3人の生活

ついに！　ついに！　ついに！　長かった日本からのお引っ越しが終了し、晴れてシンガポールでの生活が始まった。今朝も私は子どもたちを新しい学校に送り出し、一人の時間がやっとできたので、ゆっくりこの原稿を書くことができる。まだまだ慣れない初めての土地での新生活、言葉や文化の違い、日本から送った荷物がまだ届かない、など小さなトラブルは尽きないけれど、家族全員が無事に揃って新たな一歩を踏み出せていることが何よりの幸せだ。

突然の家族バラバラでの入国要請を受け、夫が旅立ったのが2月28日。夫は入国後すぐに指定のホテルでの2週間の隔離生活。私と7歳の娘、4歳の息子の3人は予定の3月21日の入国まで、都内のウィークリーマンションでの〝仮の宿〟暮らしが始まった。

初日、私はそれまでの引っ越し作業の疲れからか、母子生活への不安からか、はたまた夫が無事入国できたことへの安心感からか、突然声が出なくなる体調不良に見舞われた。仮の宿暮らしといえども、出発直前まで娘は学校に通い、息子は幼稚園があった。娘は前の家よりも学校まで徒歩で少し距離があるため、1週間は朝と放課後に送り迎えに付き添った。息子はお弁当が幼稚園最終日まであるため、朝は早起きして慣れないキッチンでのお弁当作り。

ウィークリーマンションに備え付けの家電は全て一人暮らしサイズの小さいもので、冷蔵庫に必要最低限の食材しか備蓄できないことや、洗濯をこまめにしなくてはいけないことが地味に支障をきたした。

まさかの、お迎え時に転倒で流血……!

新しい家からの送り迎えの時間は微妙に時間配分が難しく、初日、息子のお迎えの時間に間に合わない! と焦ってダッシュで向かっていたところ、なんと幼稚園の門のところで私が転倒。たくさんの保護者や子どもたちの前で転んでしまったことがとても恥ずかしく、その場はヘラヘラして「大丈夫です!」なんて言いながらやり過ごすも、膝を見るとかなりの流血。事情を知らず、門の前で笑顔で出迎えてくれる先生に「絆創膏ください」

とお願いするも、全然声が出ない！
やっとの思いで、カッスカスの声で「転びました、絆創膏ください！」と訴え、職員室で消毒してもらい、絆創膏をいただくことができた。私たちの事情をよくご存じの先生方は、「お母さん！　がんばれ！」と励ましてくださり涙がちょちょぎれそうになった（ちなみにその怪我の跡は2ヵ月経った今でもまだ完治しておらず、年齢を感じる。切ない）。（※ちなみにあれから2年半経った現在も、ミミズ腫れのように膝に残っており、あのときの母子のてんやわんや生活を思い出す。あのとき頑張ったという一生モノの勲章かな？）

一方の夫は2週間の隔離生活、最初は持《も》ち堪《こた》えていたものの、段々と孤独感と退屈に耐えきれなくなっていった様子だった。せっかくの一人時間、仕事をバリバリやろうとたくさん仕事道具を持ち込むも、それに集中する気力もなく、ただただ時間がすぎるのを待つ2週間だったそうだ。後半は、まだ読んだことのない長編漫画を読み切ることで没頭できたそうだが、私たちの隔離生活にも「とにかく没頭できるなにかを持ち込んで」とアドバイスを受けた。

夫の隔離明けに合わせて、愛犬のチョビは一人、ペットの輸出代行会社によって成田空港から旅立ち、夫の待つ新居へ無事に到着した。各飛行機の中には空調機で温度や湿度を管理している貨物室があり、動物はそこに貨物扱いで輸送されることを今回初めて知った。私たちにとってはかけがえのない家族でも、一国からすれば動物の輸出入。そこには様々な書類提出や検疫、輸送のための特別なケージを用意するなど厳しい手続きが必要になる。今回依頼した輸出入の代行会社が全て細かく指示してくれ、このコロナ禍でもチョビはスムーズに移動することができた。

引っ越し直前まで続いたドタバタ生活

家族が着々とシンガポールに入国する中、私たち親子3人は、3週間のウィークリーマンションでの母子生活が段々と居心地がよくなり、なんと落ち着きだしてしまう。人間の慣れる力はすごい！　この部屋、明るくていい部屋じゃな〜い？　今日も夕飯デリバリーしちゃおっか？　なんて余裕をこいていたら、気づいた。「もうすぐ引っ越しやんけ、ほとんど何も手つけられてへんがな」

次の日にいざ旅立ち、というときに手伝いに来てくれたママ友と私のマネージャーさんは部屋を見渡し唖然としていた。「本当にあなた、明日海外に行くつもり？」と。それくらい、生活臭が部屋に染み付いていたのだ。

ママ友、マネージャーさん、それからずっと密着取材を続けてくれたフジテレビの『ノンストップ！』のプロデューサーさんの御三方のおかげで、なんとか実家に送る荷物、捨てる荷物、飛行機にもって行く荷物をまとめることができた。もしも私一人だったらと思うとゾッとする。

そして、迎えた旅立ちの朝。羽田へ向かう道は雨がしとしと降っていた。満開の桜を最後に見られたらと期待していたが、それは叶わず。次に桜が見られるのはいつかな？　なんて思いながら、まずは無事に飛行機に乗れるかどうか、不安がよぎる。羽田空港は夫を送り出したときと同じように人の姿が少なく、売店や飲食店などは休業していて閑散としていた。（※2023年の今、あの旅立ちの日から2回春を迎えたが、まだ日本の桜は見られていない。でもシンガポールの植物園で桜祭りが行われていたり、今年は自宅に桜の木を取り寄せてみたり、海外にいるなりにも桜のシーズンを日本と同じように楽しんでいる。またいつか桜の季節に千鳥ヶ淵のボートに乗りたいな）

ANAのカウンターで入国許可のEメールやビザの証明書、PCR検査の結果などたくさんの書類を提出し、一枚一枚職員の方が入念にチェックするため通常よりも時間がかかった。無事に受付が済み、チェックインすると、親切なANAの方が付きっきりで荷物を運んでくれた。渡航先のシンガポールでも私のような小さな子ども連れのためのサポートがつくように手続きもカウンターの方がしてくれて、飛行機に乗り込むまで大変な思いをすることはなかった。

シンガポールに到着し、隔離生活へ

機内での子どもたちは状況をよく理解しているのか、とても大人しく過ごしてくれた。その日までたくさんのお友達とお別れして、覚悟ができていたのかもしれない。娘は機内の映画を楽しみ、息子は時折窓の外を眺めながら、機内のゲームで遊んだり眠ったりしていた。7時間のフライトで、なんと私は、2本も映画を見ることができたのだ。

飛行機が到着しいざシンガポールへ入国すると、防護服を着たサポートの若い女性が付きっきりで荷物を運んでくれた。空港は少し物々しい雰囲気が漂っている。私の不手際でスマホでの入国手続きを事前に済ませていなかったため、かなり時間がかかってしまったのだが、その間も女性はずっと付きっきりでサポートをしてくれ、とても心強かった。息子に「You are cute.」と声をかけてくれたりして、優しさが伝わってきた。

空港でのＰＣＲ検査を私と娘が受け、ドキドキのバスに乗り込んだ。なぜドキドキか。それは、乗り込んだバスが、これから私たちが２週間生活をすることになるホテルへと連れて行くからだ。バスには行き先も書いていなければ、噂では運転手に聞いたとしてもどこへ行くか教えてくれないんだとか。

私たちのバスは空港から市内へと進んだ。夫が隔離生活をしていたホテルを通過して、イスラム教のモスクが見え、インド人街に入り、どんどんエスニックな街中を進んでいくバス。どんなホテルなのかと段々と不安な気持ちになってくる。すると、インド人街に程近い、新しめの綺麗なホテルに到着。ホテルのスタッフはとても親切で、「広い部屋ですか？　もしそうじゃないなら、お金を払いますから」と不安げに訴える私に、笑顔で「大丈夫、ファミリールームですよ」と答えてくれた。

あっという間に過ぎた２週間

そこから隔離生活が始まった。部屋はワンルームだったが、かなり広い部屋で、キングサイズのベッドとシングルのベッドが２つあり、親子３人には十分すぎるほど。２週間毎日朝昼晩とお弁当がドアの外に届き、他にもデリバリーや夫からの差し入れ、Ａｍａｚｏ ｎの配達もホテルのスタッフがドア前まで届けてくれるため、かなり快適だった。

途中、洗濯が大変で、ミニ洗濯機をＡｍａｚｏｎで注文したり、子どもたちがお弁当に飽きてしまいデリバリーを頻繁に頼んだり、21時以降に子どもたちが走り回ってしまったときに下の階から苦情が来たりというプチトラブルはあったけれど、心配していたほど子どもたちが退屈することはなかった。私自身は折り返しを過ぎたあたりで、精神的に参ってしまい、ＳＮＳなどでたくさんの方に励ましてもらった。

久しぶりに夫婦喧嘩もした。隔離生活に入ってすぐに、カードと電話が使えないことにパニックに陥り、夫に日本のカード会社に電話をしてもらえないか相談したところ、ちょうど夫も忙しいタイミングで、電話ごしに夫婦大喧嘩。お互い慣れない新生活に、それぞれが一杯一杯だった。

そんなことも経験しながら、毎日没頭できるコンテンツとして『愛の不時着』を毎日1話ずつ見ることや友達とのＺｏｏｍ飲みを楽しみに、私も乗り越えることができた。夫は孤独との闘いの2週間だったようだが、私は子どもたちの存在や、スムーズとは言い難い日々の家事に追われていたおかげで、精神的な波はあったものの、気づけばあっという間に2週間が過ぎていた。（※一日5枚までなら洗濯を頼めたり、タオルなどのリネン交換ができたのは助かった。感染対策で全てビニールに入れて結束バンドで袋の口を締めるという徹底ぶり。それでも溜まる洗濯やカトラリーやカップなどの食器洗いなどは部屋で行わなければならず、洗面所で何度もスプーンを洗ったり、手絞りの脱水に時間がかかったり、二度とないかもしれない貴重で濃密な生活を送った2週間だった）

強くなった、家族の絆

そうそう、タピオカが飲みたくなって、「Tapioca」とデリバリーアプリに入力したら、インドマーケットからタピオカの芋が運ばれそうになってビックリ！　こちらでは、タピオカはバブルティーと呼ぶんだそうな。

そんなこんなで、ついに隔離ホテルから解放された日、迎えに来てくれた夫と再会したときは胸が震えた。そして外のあまりの暑さに汗が一気に吹き出してきた。1ヵ月半、離れ離れだった私たちだが、その経験は1ヵ月半とは思えないほど長く濃く、家族の絆が強くなった出来事に感じる。

このコロナ禍、私たちはかなり貴重な移住体験をさせていただいた。シンガポールはこ

シンガポールの人気観光スポット『マリーナベイサンズ』をバックに。

ういった厳しい水際対策のおかげで、市中感染を抑制していて、一人一人の努力と忍耐の賜物だと思った。街中で「DO YOUR PART（自分の役割を果たす）」というスローガンを目にし、ストンと腹落ちした。
闘う相手はウイルスであって、人ではない。人はウイルスに打ち勝つために、それぞれができうる限りの役割を果たす。その考えがそれぞれのベースにあるから、規制は厳しいけど人には優しいシンガポール、そんな印象を受けた。これからこの街でどんなことが起きるのか。

期待とドキドキを胸に、中田家一同、奮闘していきます！

娘が学校で号泣……海外での子育て事情

気にかかるのは子どもたちのこと

子どもたちがシンガポールの学校に通い始めてから1ヵ月半が経過した頃は、マスクの着用ルールの厳しさ（鼻を出してはダメ）や、一日に集まれる人数の制限、二次元コードを使用しての建物へのチェックインなど、徹底されたルールのもとで生活をしていた。ルールを破ったら、罰金だけではなく、国外退去になるなど、本当に厳しい処罰があったので、子どもたちにもシンガポールの事情を説明しながら、緊張感を持って生活をしていた。何よりも驚いたのがシンガポールの意思決定の早さだった。ルールが変わるたびに、アナウンスがあり、その3日後くらいから適用される。ルールを知らないで違反をしてしまう可能性もあるので、常に最新情報にキャッチアップして気をつけていないといけない。この頃は、新生活への適応と、国のコロナ禍のルールへの適応とでダブルに気を張って過ごしていた。

もちろん、新生活に戸惑いはつきものだと思う。日本国内でも引っ越ししたてのときはその土地にすぐには慣れないものだし、ましてや外国、ましてやコロナ禍、当然のことだ。しかし、その中でも一番気がかりなのはやはり子どもたちのこと。

こちらのインターナショナルスクールに通い始めてから1ヵ月半が経過し、私は決して顔には出さないようにしているが、毎朝、少し不安な気持ちで子どもたちを送り出している。英語ちゃんとわかるかな？　教室ではどんな風に過ごしているのかな？　寂しい思いはしていないかな？　どんな気持ちで朝出掛けて、帰るまでどんな気持ちで過ごしているのかな？　頭の半分では「この経験を乗り越えて逞《たくま》しく成長してほしい」というどっしりとした気持ちがあるものの、もう半分の「こんな過酷な環境に置いてしまってごめんね」という気持ちがどうしても拭えない。

学校の様子を事細かに聞いてみたいけど、子どもを信じて自分で乗り越えてほしいという気持ちもあるので、あまり多くは聞けない。私は明るく送り出し、明るく出迎えて、家の中では安心して心の羽を休められるよう、穏やかでいるように努めている。鈍感な母だときっと子どもたちは思っているだろう。だから、本当の私の今の気持ちは非常に歯痒い。

頭が真っ白になった先生からのメール

子どもから聞かずとも、担任の先生や英語補習の先生から、頻繁にメールが送られてくるためクラスでの様子や仲のいい友達など知ることができる。先生からも、保護者からのメールもご遠慮なく、と言われている。ただ、私は英語力に自信がなく、メール作成にも何度も推敲してしまうため、そんなに頻繁には先生にメールを送れないでいた。

ある日、先生から受け取ったメールで頭の中が真っ白になった出来事があった。学校に通い始めて2週間目、長女の英語補習の先生からの昼間のメールだった。「娘さんが今日、単語テストの時間にとても動揺し、涙が止まらずテストを受けることができませんでした」と。そうだった。毎週木曜日は単語テストがあると、事前にメールで受け取っていたにもかかわらず、娘に伝えるのをすっかり忘れていた！

続けて「単語のレベルが彼女にとって難しいようなら、レベルを落とすこともできます。ご両親のお考えをお聞かせください」とあった。私は長女に対して申し訳ない気持ちになった。きっとテスト中、泣いているときも、なぜ泣いているのか、うまく気持ちを伝えることはできなかっただろう。想像するだけで胸が苦しくなった。私のせいだ、ごめんね。

その日学校から帰った長女は、そんな出来事があったことも忘れてケロッとしていたが、先生からのメールの話をすると、落ち込んだ顔をして、テストができなかった話をした。まずは私の伝達ミスを謝った。そして、来週の単語テストをどうするか二人で話し合った。長女は「来週はちゃんと前もって練習する。それでもダメだったらもう少し簡単な単語にしたい」と考えを聞かせてくれ、そのように先生にメールした。金曜日に次の週に覚える単語が発表された。「oa」のつく単語で、「soar」「roar」と私も知らない単語も出てきて、週末に娘と私でイメージを膨らませながら取り組んだ。

長女は単語テストで泣いたことがとても悔しかったのか、登校前に早起きして勉強に取り組んでいるときもあった。その甲斐あって、次のテストでは自信を持って臨むことができ、なんと満点を取って帰ってきた。先生からの「Perfect!」というコメントとともにテストを見せてくれたときの顔はすごく自信に満ち溢れていた。今ではｉＰａｄのＧｏｏｇｌｅ翻訳と自前のノートを駆使した自分流の勉強法も確立し、私のサポートなしでも満点を取れるようになった。

4歳の息子のプレスクール生活

後日、長女に日本の学校とシンガポールの学校、どっちがいい？　と質問したら「シンガポールの学校！」と言っていた。iPadを使った授業や出入りが自由な教室の様子など、長女にとって「遊んでいるうちに一日が終わる感覚」なのだそうだ。もちろん、日本の学校の、ルールをしっかり守るとか、先生への礼儀を学ぶとか、そういう教育の良さは減ってしまうのかもしれないが、ひとまず、遊びのようでも楽しんで学校に通えていることが何よりもよかった。

シンガポール全体がこういう教育なのではなく、現地のローカル校だともっと勉強に取り組む時間が多いと聞くので雰囲気もまた違うだろう。今のところはこのインターナショナルスクールに通いながら、徐々に言語に慣れ親しみ、これからいろんな選択肢を親子で模索していくのも楽しそうだ。

長女は授業で自信をつけたり、教室内で友達ができたりして、最近は前向きに学校に通えているように見える中、気がかりなのが4歳の長男だ。長男は長女と同じ学校のプレスクールに通っている。しかし、小学生のように英語補習システムがあるわけではなく、同じ4歳児の輪の中に入って毎日を過ごしている。

もっとも、長男はまだ日本語ですら語彙が増えてきたかな、という程度だし、子ども同士で簡単な言葉を使っているのだろうから、環境に馴染むうちに英語も自然と習得していくだろう。だけど、たまに先生から送られてくる動画に映る長男を見ると、楽しんでいるのかな？ という表情が多く、心配になってくる。

長男や担任の先生からの話を聞くと、それなりに友達もでき、外遊びや、算数のような教材を使った時間はとても楽しく取り組んでいるようだ。しかし、たまにボソッと「日本の幼稚園がよかった」とか「僕のお友達と遊びたい」というつぶやきを聞くと、私も胸がぎゅうっとなり、いたたまれない気持ちになる。

子どもと一緒に一歩一歩

ある朝、長男が「プレスクールに行きたくない」というのであれこれ手を尽くして説得し支度をした後、スクールバスを待っているバス停で、「意地悪をするお友達がいる」とボソッとつぶやいた。4歳児同士だし、遊びの延長でそんなふうに受け取ってしまうこともあるのかもしれないが、念のため、「先生にもメールをしておくね。嫌なことをされたら『Stop it!』とか『No!』って言うんだよ」と伝えた。前にも何度か同じような話を長男から聞いていたが、その日は約束通りすぐに先生にメールをした。

するとすぐに先生から返事が来た。「そのような嫌な思いを息子さんにさせてしまったことを謝ります。そして、そのような場面にあったときにどういうふうに対処し、どんな言葉を友達に使うかを一緒に考えます」とメールが返ってきた。メールをして、長男、先生、私にとっても、よかったなと思った。幸いその日は嫌な思いをせず楽しく過ごすことができたようで、その次の日はスムーズにプレスクールに出掛けていった。

私自身、すぐにメールをするのをためらってしまいがちだったが、些細なことでも連絡を密にする、自分の気持ちや心配ごとを先生と共有する、というのがとても大切なことだと学んだ。技術の進化のおかげで、私は先生から来たメールはまずＧｏｏｇｌｅ翻訳にコピペして、大体の内容を把握し、私の返信はＤｅｅｐＬという翻訳サイトを使う。ＤｅｅｐＬは日本語の微妙なニュアンスも英語に翻訳してくれるため、私が伝えたいことの誤解も生まれにくいと感じる。メールを書く時間も短縮できるようになった。

長女が技術と自分流を駆使しながら単語テストを攻略しつつあるように、私も娘にならうってメールを攻略し、先生と連携することで、子どもたちの成長を見守っていければと思う。慣れない毎日は大変だけど、私自身の小さな進歩も日々感じられることが、こちらに来て嬉しいことの一つだ。（※書籍化するにあたって、改めてこの頃の子どもたちの様子を読んで、そんなこともあったなあと懐かしい気持ちになりました。今では長女も長男も親友が学校にでき、クラスの輪に溶け込んで学校生活を心から楽しんでいます。長男に至っては「僕の宝物は学校」と自慢げに言っていました。このときの頑張りがあったからだなあと改めて胸がジーンとしました。子どもたち、よく頑張った！）

驚き！　娘の学校カバンの中身が「空っぽ」だった理由

学校生活を知る機会

2021年5月、シンガポールでは、ロックダウンとまでは行かないが、外食禁止など厳しい規制が発表された。小学生以上は自宅での学習が行われることになり、対象外の長男はプレスクールに通えるものの、長女はオンラインでの授業となった。

長女が新しい学校生活にちょうど慣れてきた頃だ。そんな矢先、自宅学習のオンラインが始まってしまい、せっかくペースが整ってきたのに……、という思いもあったが、仕方がない。

その前年の2020年春、小1のときに、日本で経験した2ヵ月の休校期間。プリントの宿題をやるばかりで誰とも交流できなかった時期のことを考えると、毎日オンラインでも担任の先生やクラスメイトと顔を合わせられることや、取り組む課題があることはとてもありがたいこと。

タブレットを使いこなしている

その上、こちらに渡航したときに経験したホテルでの隔離生活ほど不自由というわけではない。コロナの状況によっては今後またいつオンライン学習中心になるかもわからないから、この機会に慣れておく必要がある。なんとかこの期間も楽しもう（私も）という考えに切り替えた。このときは参観などで保護者が学校に行く機会がないため、私も先生の様子や授業の様子を垣間見るチャンスでもある。長女は授業をどのくらい理解して、どのくらい英語を使っているのか、気になっていてもなかなか知ることのできないことも知れそうだ。

学校のオンライン授業に備えて、普段授業で使っているタブレットを自宅に持って帰ってきた。このタブレットは学校から貸し出されているものだ。オンライン学習はこのタブレット上のミーティング機能で行われるのだが、しっかりとその使い方をレクチャーされたようだ。それぞれの授業が始まる1分前のアラームまでセット完了していた。

読み物系の読書アプリはこれ、課題提出はこのアプリ、先生のミーティングにアクセスするURLの書いてあるタイムスケジュール表はこれ、と私に色々教えてくれたのだが、その扱いの慣れっぷりは実に見事だと思った。さすがタブレットネイティブ世代。息をするようにスイスイ使いこなしている。

オンライン授業になる前から私は授業に関して常々疑問に思っていたことがあった。それは通学の初日、学校の持ち物の定番と言ったら筆箱でしょ、と日本の学校で使っていた筆箱を持たせたのだが、帰ってきた長女は開口一番「筆箱いらないっぽい、誰も持ってきてなかったよ」と言い、なんと次の日は持たずに出かけて行ったのだ。

そもそもカバンの中は空っぽで教科書らしきものも持っていく気配がない。どういうこと？　と思っていたが、オンライン授業のおかげでその謎が全て解けた。

カバンが空っぽでもOKな理由

全部、タブレット上にあるのだ。授業に必要な教科書はタブレットにあり、課題も先生からタブレット上に出される。その課題に書き込むときは課題の画面に直接テキスト入力をし、なんだったら音読の録音もマイクボタンを押すボイスメモ機能というのを使いそれもまたタブレット上に提出する。それをふんふんふーんと鼻歌を歌いながらやってる娘。あなた、3ヵ月前まで、ノートにガリガリ、鉛筆スタイルでしたよね？　子どもの順応力半端ない。THIS IS 令和チャイルド！

余談だが、これいいなーと思ったのが、面談のことだ。コロナの影響か、はたまたその前からなのか、保護者と先生の二者面談はオンラインで行われると連絡がきた。先生から届いたメールに、ミーティングのURLと「ご都合のいい日時にお子さんの名前を入力してください」とGoogleドライブの表がポーンと送られてきた。Googleドライブはリアルタイムで更新が共有できる機能がついている。私が表を開くと、もうすでに何名かの保護者の入力が終わっており、私も時間の都合がつきそうな空欄のタイムテーブルに子どもの名前を記入した。これだったら先生が面談の時間を組んだり組み直したりする手間が省けるし、保護者も時間のすり合わせがしやすい。何よりも、学校に足を運ばずに済み、面談をする時間と場所を選ばない。オンライン面談最高！　と思った。（※コロナによる規制が緩和されて、学校での対面での面談も再開した。しかし、学校での面談とオンラインの面談と選べるようになっていて、親のニーズに応えてくれるのでとても助かっている）

さて、いざ長女のオンライン授業が始まった。念のため私は娘の横にスタンバイしていたので、様子をそばで見ることができた。まず朝は8：30から「モーニングミーティング」というクラス全体の朝の会が行われる。

オンライン授業のルールは3つで、①常にビデオオンにして顔を見せていること、②指名されるまではマイクをオフにしていること、③発言したいときは「手を挙げる」機能を使うこと。でも、とはいえまだ小2。モーニングミーティングは結構わちゃわちゃしていて、みんなの様子が可愛らしい。

授業をフルバックアップ

マイクがオンになっていて思いっきりテレビの音が入っている子もいれば、ソファに寝そべりながら参加し先生に注意されている子、先生の話している途中手を挙げて指名されたら「昨日はママの誕生日だったの」と不規則発言しだす子。微笑ましい光景だなと思いながら、普段このわちゃわちゃを学校で統率している先生や、今、子どもたちの横で在宅ワークをしている保護者の方々に頭が下がる思いがした（このときは学校だけではなく、在宅ワークがデフォルトになったのだ）。

全体のモーニングミーティングが終わると、あとは個別のタイムスケジュールになる。大体一日2〜3コマほどオンライン授業を受けるスケジュールになっており、授業は少人数のグループに分かれて行う。

長女はまだ英語力が初心者レベルのため、専門的な教科はとりあえず理解できなくてもいいから顔を出すことと、この期間はEAL（英語補習の授業）を集中的に頑張ろう、ということを約束した。英語が全然わからなかったとしても長女は一つの授業で1回は何かを発言したいようで、でも間違えたくもないので、私に確認しながら「手を挙げる」ボタンを何度か押していた。だから私もしっかり授業に耳を傾けなくてはいけない。ほぼフルバックアップの状態。なかなかハード。しかし、一生懸命手を挙げても指名されないときもあり、そんなときはすごくヘソを曲げてしまい、なだめるのに苦労した。

長女と二人でEALの授業の課題に取り組むのはとても楽しい時間だった。たとえばある週は「My Favorite Animal」という課題だった。「My Favorite Animal is ＿＿.」と空欄を埋めていき、それをノートに清書し、週の最後の金曜日の授業でみんなの前で発表する。

対面に勝るものなし

小学生向けの絵本がストックしてあるアプリを使って、まずは動物について調べるよう指示が出たので、長女となんの動物にする？　と話し合った。そこで「シャチ」をチョイスする長女。早速シャチの絵本をアプリで見つけ長女と読んだ。シャチは英語で「orca（オルカ）」または「killer whale（殺し屋クジラ。こわっ）」といい、鋭い歯で魚、アザラシ、ペンギンなどを食べるらしい。

イルカのように、サインを発してお互いコミュニケーションを取れることを私も初めて知った。それを7行くらいの文章にまとめて、発表前に少し練習し、金曜日に堂々と披露した長女。その発表を受けて、先生がたくさん褒めてくれた。オンラインのおかげで親子で真剣にシャチのことを勉強して英語を学んだことは、私たちにとってとても楽しく充実した経験だった。

他にもオンラインで面白かったのが、体育の授業だ。ある日は借り物競走だった。家の中を駆け回って「鍵！　鍵ちょうだい！」「動物だって！　チョビはどこ？」と探しにいく私たち。そして借り物競走が一つ終わるたびに、シェアされたYouTube動画の腹筋やスクワット、ダンスを真似するよう指示される。家の中でも趣向を凝らせば、思いっきり体を動かすことができるというのは、新しい発見だった。

5月中旬から6月中旬まで1ヵ月ほどオンラインの時間は続いた。家の中でもこのように、オンラインで充実した学びの体験ができたのは、いい時間だった。と同時に、私たちはこの時間を親子でコミットできる環境だったからよかったが、これが私がフルで働いていたり、子どもの学年や学習レベルがもっと高かったり、または長男も在宅の環境だったら難しかっただろう。

その後、再び長女は学校に通い始めたのだが、やはり学校から帰ってきたあとの充実した顔つきが違うし、私自身も肩の荷が下りたようにほっとしている。通常通り学校に通学できる良さやありがたさを、オンライン授業を経験したことで、改めて実感している。

「夫の家事参加なし」でも移住で価値観が変わったワケ

シンガポールでの住まい

私たちが住んでいるのは、サービスアパートメントと呼ばれる長期滞在用の施設だ。日本にはこういった施設が少ないので、私自身なじみがなかったのだが、シンガポールでは割と一般的らしい。ホテルともマンションとも違う形態で、月単位や年単位での契約ができる。私たちの住まいの具体的なサービスは、平日週に3回、掃除とベッドメイキングのハウスキーピングが入り、家具家電は備え付けのもの。毎日朝食がついており、プールやフィットネスジムを利用することができる。

日本からシンガポールに来る前に、こちらの不動産屋さんがオンラインでルームツアーをして大体の雰囲気や間取りなどが把握できたため、ひとまずこちらのサービスアパートメントに住んでみよう、とお試し感覚で住まいを選んだ。土地勘が摑めるようになったらまた改めてコンドミニアム（日本で言うマンション）を探せばいいし、この予測不能なコロナ禍の怒濤の引っ越し作業の中で、とにかく家族全員が最低限暮らし始める「どこか」さえ確保できれば、という思いで、当時物件選びにこだわりなどなかった。

しかし、予想以上に今住んでいるサービスアパートメントは居心地が良く、3LDKで仕事場所が夫婦それぞれ確保できるなど（夫のYouTubeも夫の寝室で収録している）、生活しやすいと感じているため、しばらくここでの暮らしを継続しようと考えている。

シンガポールのヘルパー文化

こちらに来る前に私が驚いたのが、共働き家庭の多いシンガポールでは「ヘルパー」と呼ばれる、いわゆるお手伝いさんやベビーシッターさんのような人を住み込みで依頼するのが一般的であるということ。ヘルパーさんの多くはインドネシア、ミャンマー、フィリピンといった近隣のアジアの国々から家事労働者としてシンガポールに働きに訪れている。

家族で暮らすような間取りのコンドミニアムには、住み込みヘルパーさんのための小さな部屋が備え付けられてある所が多い。イメージで言ったら、私が学生時代に住んだようなユニットバス付きの部屋が、家族が住む家のキッチンの奥にある、というような感じ。我々からしたらとてつもないお金持ちの家庭ではないかと考えてしまうが、シンガポールでは学校や習い事の送迎にもたくさんのヘルパーさんが来ている。つまり、ヘルパーさんに依頼することが日本で思うよりずっと「普通のこと」なのだ。

そして、なんとも驚きなのがそういった住み込みヘルパーさんに支払う大体の額が、月税込みで6万〜10万円弱だということだ。私が東京にいたときにベビーシッターさんを月10日ほど一日3〜4時間、子ども二人分お願いしたら、きっとそのくらいの金額になっていたはずだ（当時は単発でしかシッターさんをお願いしたことがなかったため、実際にその金額に到達したことはなかったが）。

以前都内で、「良い夫やめました」宣言をした夫と向き合った結果、私も何か手を抜こうと思った末に代行サービスをお願いしていたが、週に1回3時間、家に作り置きの食事作りや水回りの掃除を依頼していた会社へは月に4万円ほど支払っていた。それと比較すると、こちらの住み込みヘルパーさんは、子どものお世話や送迎、料理や掃除、洗濯、アイロン掛け、犬の散歩といった家事・育児全般が込みなのだ（できること、できないことはそのヘルパーさんによる）。もちろんそれだって贅沢な金額だとは思うが、これだけのことをしてくれて、心の余裕が生まれてこの金額なら……とため息をついてしまう。

こちらで生活をしていると、ヘルパーさんが子どもたちの学校や習い事の送迎をしていたり、ベビーカーを押してお散歩をしていたり、メモを片手にスーパーに買い出しに来ている姿をよく見かける。私が子どもたちを公園や室内施設などに連れて行ったときも、そういう場所に連れ出しているのはヘルパーさん、母親や父親らしき人は不在ということが多く、ヘルパーさんはヘルパーさん同士で固まって楽しそうに過ごしている。

私が今住んでいるサービスアパートメントから動かない、いや、動けない理由の一つが、実はこのヘルパーさんどうするか問題にある。実際、私たちがコンドミニアムを借りるとして、そのときにヘルパーさんに依頼する前提なのか否かで、必要な部屋の間取りが変わってくる。

家事を頼むことで生まれる心の余裕

今のサービスアパートメントで気づいたのは、掃除やベッドメイキングを週に3回してくれる人がいるだけで、部屋の清潔感や居心地の良さ、家事へのストレスが全然違う点だ。いわばリセットのような作業をしていただいている。

子どもが没頭して作っている作品やおもちゃはそのままにしてくれる気遣いもある上で、私じゃない誰かが掃除機をかけ、ソファのクッションを元ある位置に整え、シンクの中で溜まったままのお皿があれば洗って乾かしてくれることは、私にとっての心の余裕だ。それから、シーツは週に1回、タオル類は週に3回換えてもらえるので、洗濯の回数がぐんと減った。そうか、洗濯機は今まで大型のリネン類を主に洗っては乾かし、洗っては乾かししていたのか、と気づいた。

家族ではない人が留守中に部屋に入っていることや、私が仕事をしている後ろで誰かが出入りすることは、貴重品などの管理（部屋には金庫や鍵付きの引き出しがある）をしっかりしていれば、我が家にとってはそんなに気にならないことがわかった。

それから、朝ごはんが出ること、外食が当たり前で、キッチンの作り自体がキッチンに長居する前提で作られていないこと（実際我が家にはキッチンに冷房設備がなく、長時間いて熱中症になりかけたことがある）は、調理の負担や、調理は毎回私がしなくてはいけないという固定観念を取っ払ってくれた。

こちらでは朝早くに子どもたちがスクールバスに乗って学校へ行き、夕方近くに学校から帰ってくるため、一人の時間も増えた。一人時間が増えたおかげで、私は仕事、サロン運営、趣味のヨガ、動画編集など、「今までやりたかったけど家事や子育てに追われて没頭できていなかったこと」に全集中してできるようになった。

私の運営している『福田萌のママズオンラインサロン』で、最近入られたある方が「子どもたちが独立して、これまで子育てに費やしてきた時間から急に解放され、ぽっかり心に穴が開いてしまった。これから何をしたらいいのか、今はわからず、こちらのサロンで何かを見つけたい」とおっしゃっていたことが印象に残っている。

もしかしたら、日本で子育てを全力で頑張ってこられて、でもいざそのゴールが見えそうになったとき、そう感じてしまう人は多いのかもしれない。それは、私自身がこれまで子育てに費やしてきた時間から想像することができる。私も、子育てや家事は全部自分で頑張らなくてもいい、というシンガポール流の家事育児に対する価値観に触れ、頭をハンマーでガーンと殴られたような衝撃を今まさに受けているところだ。

女性のための雇用制度でもある

ただ、いざ自分でヘルパーさんをお願いするか、となると、葛藤がある。

今は特にストレスは感じていないが、家に家族ではないだれかが、ほぼ24時間、365日、同じ屋根の下にいるとなると……。とはいえ実際、サービスアパートメントに住み続けるよりも、ヘルパーさんを雇った方が経済的であることが葛藤の理由だ。想像をしてはぐるぐると想いが巡り、いや、まだ考えなくていいか。というパターンを何度も繰り返している。

いろんな在留日本人の方にもヘルパーさんについてお話を伺ったりしていて、いろんなすごくいいこと、逆に大変なこと、両方あるようだ。話の中でも驚いたのは、ここシンガポールでは、「ヘルパーさんに依頼することは雇用を生んでいることになるので社会貢献だ」という考え方が主流で、ヘルパーさんたちはこれまでの歴史の中で、女性の活躍を下支えしてきた、とても重要な存在なのだそうだ。

実際にヘルパーとして働きに来ている人は、自国で生活している子どもの学費のために、単身出稼ぎに来ている人も少なくないのだそうだ。異国の地で、愛する子どもや家族と離れ離れになりながらもその家族のためにヘルパーとして働く女性(ヘルパーさんが母国に帰国するのは年に1度か2度、というのが一般的だそう。その旅費も雇用主が負担する）。そして、ヘルパーを雇用する女性側の活躍のためにも、ヘルパー制度は双方の女性にとってウィンウィンなのだ、ということを理解した。また、高齢化が進むシンガポールではさらに、ヘルパーさんの存在への期待は高まっているらしい。

でも、ね……、と、また考え込む私。またヘルパーさんどうするの問題は進展があったらお話ししてみたいと思う。

ところで旦那さんの家事参加は……

ところで、中田家では全く旦那さんの家事参加のお話出てきませんね、とお気づきのあなた。鋭いですね。はい、中田家では、敦彦氏は家事、ほぼしません！

とはいえ、自分自身の昼食のナッツ（中田は夕食のみの一日1食生活で、お腹が空いたときにはナッツを食べるというライフスタイル）をガサッとお皿に盛り付けぼりぼりやっているので、夕食以外は自分でまかなっている。また、シンガポールに来てから、愛犬チョビを散歩に連れ出すのは夫の役割に。さらに、基本在宅なので、時たま子どもの送迎をお願いできるようになったのは、とてもありがたいなと思っている。夫も以前は何度かお皿洗いなどにチャレンジしたこともあるのだが、結局定着せず。どうしても仕事に没頭してしまうタイプだし、私もつい自分でやってしまうので、分担がうまくできないままだった。

時々私が「お皿洗い、今日はめんどくさいな」とボヤく日があれば、「じゃあお皿を全部紙皿に替えればいいじゃない」と私の目が白黒するような提案を本気でするので、あとはお察しください（笑）。でも、私が家事をサボったりめんどくさがったり、私のボヤキにも、（びっくりする提案を打ち出すことはあっても）比較的寛容で、食べる食事もデリバリーでも手作りでも外食でも、なんでも「美味しい」と言ってくれるので、それは助かってるな、と思う。

家事をする誰かを家に入れることもそんなに抵抗がないらしい。そういう価値観を持っていてくれていることはありがたいと感じる。これからどうするかはさておき、こちらに来て、家事への価値観が大きく変わった。100%私の肩にのしかかっていた家事への負担がシンガポールに来て軽減したことは、こちらに来てよかったな、と思うことの一つだ。（※今でもヘルパーさんに関しては、このときと同じような気持ちで悩んでいます。）

結局サービスアパートメントが便利だし、子どもたちがだんだん大きくなって誰かの手が必要でなくなってきたことも大きいですが。時たま、私が部活のお迎えで学校に行ったときにヘルパーさんが他のお子さんの送迎で来ているのを見かけては、我が家もヘルパーさんにお願いすれば、私の時間ができて、私の可能性が広がるのか？　と悩んだりして……。（この葛藤はしばらく続きそうです）

一時帰国で気づいた「日本の良さ」

一時帰国を経て、戻ってきたシンガポールの日常

移住から9ヵ月経った2021年の年末に初めて日本に一時帰国をしお正月を迎えた。コロナ禍で日本での隔離期間14日間を含めると1ヵ月強の滞在となった。

年中夏のシンガポールから、真冬の日本への帰国。しかも隔離は雪の降り積もる岩手県。約33℃の気温差に体がびっくりして、体調を崩してしまうのでは？　と心配をしていた。しかし実際は、久しぶりの日本が嬉しすぎて、体調を崩している場合ではない！　と気合が入り、家族全員シンガポールに戻るまで元気に過ごすことができた。

その後、シンガポールに入国し、自宅での7日間の隔離となった。買い物などは自由にできないけれど、勝手知ったる自宅で、ネットスーパーを駆使して比較的平穏に過ごすことができた。日本では元気いっぱいだった分、シンガポールの自宅に着いた途端ドッと疲れが襲ってきて、隔離期間中は何もする気が起きず、寝てばかりで過ごした。

思えば日本での私は、マリオのスター状態のように、普段以上にパワーを使って過ごしていたのかもしれない。隔離最終日直前にPCR検査を受けて陰性が出たので、無事に解放され、子どもたちの学校が再開、ようやくシンガポールでの日常が戻ってきた。

日本との近さに「ほっとした」

今回一時帰国をして、「ほっとした」というのが私の一番大きな感情だった。なんでほっとしたのか、理由がはじめはよくわからなくて、日本でリラックスできたからかな、とぼんやり思っていたけれど、時間が経つうちにだんだんクリアになってきた。それは、「日本は近い、いつでも行き来できる」と自分の中で認識できたことが大きかったのかもしれない。

ほとんど唐突に決まった海外移住で、さらにコロナ禍でちゃんと友人や親族に十分にお別れもできないまま、ワサワサと家族でシンガポールに来てしまった感。それが心のどこかに引っかかっていたのだが、今回、日本で友人や親族に会うことができて、いつだってすぐに会えるし関係はそんなに変わらないのだなということを実感できた。

また、移住したての2021年はなんとなく、シンガポールで新しいコミュニティに馴染まなきゃ、早く生活に慣れなきゃ、友達を作らなきゃ、という焦りが私の中にあった気がする。だけど、日本は近い、日本にも友達がいる、と思えば、そんなに焦ってシンガポールに馴染もう、根を張ろうと躍起にならなくてもいいや、と気楽な気持ちになれた。それもほっとした大きな理由なのかもしれない。

今回は隔離が計3週間もあって、さらには空港検疫で3時間もかかって、いろんな制限があってすごく大変だったけど、コロナが収束して隔離や検疫がなくなれば、7時間でポーンと日本に帰れる！　という感覚が嬉しかった。

再認識した日本の素晴らしさ

学生時代、深夜バスに乗って国内のいろいろな場所を訪れたが、シンガポール間の飛行機もそんな感覚なのだと思えば海外は決して遠い場所ではない。さらにこれから何度も行き来をするうちに、空港での手続きや搭乗までの過ごし方なんかも慣れてきて、もっともっと気軽に行ったり来たりできるようになるのでは、と思えたことが嬉しい。

子どもたちも今回は、それぞれ備え付けのモニターで映画を楽しんだり、タブレットでゲームをしたりして静かに過ごしてくれていたことも自信になった。かつては海外旅行に行くときに座席に着くたびに泣いてしまう娘を抱っこ紐で抱っこして、私は機内で立ったまま寝たこともあった。その頃に比べたらなんという成長だろう！

日本滞在中は、一番の心配事だった、体調を崩している祖母にわずかな時間だが会うことができたほか、子どもたちもかつての学校や幼稚園の友人と会うことができて、とても嬉しそうだった。また、改めて海外に出たことで、日本の伝統や文化、食生活がなんと素晴らしいものか、ということを実感した。

訪れた場所で一番感動したのは浅草やスカイツリーのあたりのエリアだ。中でも浅草の日本の伝統的な街並みは息を呑むほど美しいなと思った。人力車やレトロなバスが走り、若い人たちが着物姿で街を優雅に散策している様子は、思わず写真に収めたいと思ったほどだ。もし海外の友達に日本を案内するなら絶対に浅草は外せないと思った。東京に住んでいたときは、人が多いしわざわざ行く場所でもないかな、と思っていた場所だが、今回は心の底から感動し、楽しむことができたことが意外だった。

コンビニとドラッグストア

また、改めて日本のコンビニの充実ぶりと楽しさにも驚いた。今回キッチン付きの部屋に滞在したのだが、近くにあるコンビニと備え付けのキッチンとの組み合わせで全く生活には困らなかった。ちょっとした調味料や食料品が調達できるほか、息子が肌が乾燥してかゆがって困ったときも深夜に保湿剤を買い求めることができて助かった。それとコンビニスイーツが最高に美味しくて楽しんだ。シンガポールにもコンビニはあるが、品揃えは日本ほどではない気がする。進化し続ける日本のコンビニを実感した。

さらには街中にあるドラッグストアの多さにもびっくりした。特に欲しい薬や化粧品があるわけではないのに、ドラッグストアに立ち寄ってしまう。コンビニやドラッグストアは日本のアミューズメントパークに思えた。その分、日本では細かい出費が多くなってしまう、とも感じた。ついつい目的ではなかったものを手に取ってお会計してしまいがちだ。

それから面白かったのは、トイレの充実ぶりだ。よく海外の人が感動する日本のトイレだが、私は空港のトイレに入った瞬間に一番日本を感じた。どこのトイレも便座があたたかくて、掃除が行き届いている。その感じは、芸術といってもいいくらいだと思った。トイレのデザインにもこだわっている場所が多くて、日本のトイレ特集をしたら海外でウケるのではと思ったほどだ。

コンビニ、ドラッグストア、トイレが多い街のデザインから「健康と清潔、そして進化し続けるきめ細やかさ」というキーワードが浮かんできた。それらが日本にとってはとても優先順位の高いことなのだろうな、とぼんやりと思った。

まだ、冒険半ば

ご飯がとても美味しいことにも感動した。美食家の友人が、日本には世界中の美味しいものが集まっているので海外には住めない、と言っていたのを思い出したが、まさに、どんな食事も美味しくて、しかも比較的リーズナブルなのは驚きだ。回転寿司やラーメン、何気なく入った定食屋さんから、カフェにあるサイドメニューの食事まで、感動の連続だった。

それでも、今はまだシンガポールにいたいなと感じるのはなぜか。一つはまだ冒険の始まりという感じがするからかもしれない。漕ぎ出した船でようやく漕ぎ方を覚えてきたところだ。でも、日本という故郷の港にいつだって立ち寄れる船なのだと実感すると、冒険にも勇気が湧いてくる。

私の中ではまだ冒険の半ばだし、ちょうど楽しくなってきた頃。まだまだ帰るわけにはいかない気がする。それに、今回生活する場所が2拠点あると実感できたのは生きるのが前よりも気楽になったなと感じる。

こっちでうまくいかなかったらこっちがある、という逃げ道が両方にあると感じられることはとても身軽な感覚だ。それを実感できたことが、今回一時帰国してよかったなと思うことの一つだ。

訃報を聞いて飛行機に……大切な人との別れで思ったこと

頭が真っ白になった訃報

2022年11月のとある日の朝、母から連絡があった。

「ばあちゃんが今朝亡くなりました」

ばあちゃんとは私の祖母、母にとっての母のこと。祖母がずっと体調が思わしくなく、施設と病院を行ったり来たりするようになってから数年。いつかその連絡が来るはずと覚悟を決めていたとはいえ、頭の中が真っ白になった。

「私、今日の夜の飛行機に乗って明日そっちに行くね」

「ありがたいけど、無理しないで」という返信を送ってきた母だったが、自分の心に問いかけた。一番後悔しない方法はなんだろう。私の中ですぐ答えが出た。「ちゃんと祖母をこの目で見送りたい」そうしないと、祖母との別れを実感できないまま、この先、生きていくことになってしまうのでは。それは嫌だ、と思ったのだ。

夫をすでに亡くし、家族を見送ってばかりの母のことも気になった。長女の私が海外に行ってしまい心細く思っていることだろう。だから、せめてできうる限りすぐに駆けつけて、私はいつでも駆けつけられる、遠くない距離にいることを母に感じてほしかった。

ばあちゃんの最後の言葉

コロナ禍の始まりとほぼ同時に祖母の施設生活が始まった。祖父を5年前に亡くし、一人暮らしをしていた祖母が、自宅で転倒を繰り返すようになったので、施設にお世話になることになった。

コロナ禍になり、介護施設や病院は感染予防のために、すぐに面会などができなくなった。しばらく経って面会が緩和されても、10分間だけ、玄関先だけ、ワクチン接種証明を見せる、県外在住者はだめ、など、その都度にさまざまな対応が取られていた。リスクが高い高齢者の住む介護施設では仕方がないと思いながら、どうか祖母よ元気でいて、コロナが終わるまでは、と祈るような気持ちで毎日を過ごしていた。

最後に過ごしていた病院で、子どもが面会に訪れてもいいとなったのは、今年の夏頃からだった。私と私の子どもたちとで、9月のとある日に祖母を訪れた。私の長女は大好きなひいばあちゃんに会いたがっていたので、約3年ぶりの再会を喜んだ。

いつものひいばあちゃんのお家ではない病院を訪れたことに若干の緊張感を抱えつつも、病室のベッドに横たわるひいばあちゃんに会うことができた。長女も長男も弱り切った、自分たちの知っている姿と違う祖母に言葉を失っていた。祖母はニコニコと、息子の胸にプリントされたサメの絵を見て、「ロケット」「ロケット」とつぶやいていた。それが私たちにとって祖母の最後の言葉になった。「ばあちゃん、また来るね。元気でね」私はそう声をかけて病室を後にした。

満席のLCCに乗って帰国

祖母の訃報を聞いたのは日曜日。その晩の飛行機と次の日の新幹線のチケットを一人分取った。夫と子どもたちには事情を説明した。ママは今日の夜出かけて、水曜日の学校が終わる時間に帰るからね。パパの言うことを聞いて、明日から3日間、学校に頑張って行くんだよ。パパも子どもたちに毎朝、リンゴとバナナとお菓子を持たせてね。水筒も忘れずに。他の必要事項はLINEするね。長女はひいばあちゃんの訃報に涙が溢れて私に抱きついてきた。二人でしばらく泣いた。

道中は悲しみの一方で、なんとか辿り着かなくては、という緊張感もあった。地元の岩手に成田から最短でたどり着くには、成田から京成線で上野駅を目指し、そこで乗り換える。初めての上野での乗り換えはうまくいくだろうか。母たちはどんな表情で過ごしているだろうか。空港での検疫は今は何分くらいかかるのだろう。岩手の寒さはどれくらいなのだろう。手持ちの防寒着で耐えられるかな。そんなことをあれこれ考えながら、知らない人と肩を寄せ合う満席のLCCのエコノミーで少し仮眠を取った。

盛岡駅から祖母の眠る葬儀場までタクシーで移動した。真っ黒な服に身を包み、ボストンバッグを持って駅から飛び乗ってきた私に、タクシーの運転手さんも事情を察したのか言葉少なだった。

葬儀場に着くと、母たちが出迎えてくれた。「ばあちゃん死んじゃったよ」と言う母。眠るようにしている静かな祖母に手を合わせた。額を撫でると岩手の外の空気のようにとてもひんやりしていた。9月に会って手を握ったときとは違う温度。お別れの日がついに来てしまったのだ。

「葬儀屋さんがこの後のことについて色々教えてくれるんだけど、全然頭に入らなくってね」という母の心細そうな声。私は、祖母の顔を見ながら心の中で自分と対話した。1年前だったら海外からの渡航には2週間の隔離があって、こんなふうにお別れができなかったはずだ。半年前だって、ＰＣＲ検査の結果を持っていなければ飛行機に飛び乗ることもできなかった。２ヵ月前に最後に子どもたちに会わせることもできた。こうやってお別れができるようになるまで、祖母は頑張ってくれたんだ。ばあちゃん、ありがとう。そんな思いで胸がいっぱいになった。

小さな家族葬で、親戚や私の兄弟ともいろんな話をする時間がもてた。話好きなばあちゃんと会話をしているような不思議な気持ちになった。旅の支度で足袋を履かせる手伝いをしたり、ヨイショと声を合わせて納棺する作業にも携わることができた。お別れの準備をしながら私も心を整えることができて、ああ、来てよかった、と思った。

人生には限りがある

お通夜が終わり、私は帰路についた。岩手にいられたのはわずか1泊だけだけど、とてもゆったりとした時間の流れを感じていた。おしゃれが好きな祖母と買い物をしたときのこと、祖母が南部鉄瓶で入れてくれたお茶を飲んでいろんなお話を聞いたりするのが好きだったこと。祖母と過ごしていた幼い頃の自分を思い出していた。別れが寂しいという実感よりは温かい気持ちで過ごすことができ、岩手を離れた。

シンガポールに帰る飛行機で、機内食のインドカレーを食べているときに、不意に涙が溢れて止まらなくなった。肩をピッタリ寄せ合っている満席の飛行機で隣の人に気付かれないように、カレーの辛さのふりをして誤魔化した。

ばあちゃん、ばあちゃん、さようなら

大人になって、できることが増えてきた。私には可愛い子どもが二人もいる。手にするものが増えていく一方で、こうして見送って手放すことも必然なのだ。人生には限りがある。これからの私が生きるばあちゃんのいない世界、どんな風に生きていったらいいのだろうか。そんなことを考えている。

column 2

中田敦彦がシンガポール移住を決断した理由
移住から今までを振り返って感じる「家族」の変化

コロナ禍で「東京にいなくてもいいのでは？」と気がついた

「なぜ家族でシンガポールに移住したんですか？」とよく聞かれます。その都度、「子どもの教育を考えて」「一度海外に住んでみたかった」と、主に二つの理由に集約させて答えてきました。でもそれだけでは、こちらの真意を100％説明できているようには思えなかったんですよね。

そもそも僕はこれまで、海外移住はおろか、東京を離れることすら考えたことがありませんでした。テレビ局は全部東京にあるし、休みなんてお正月にちょっとだけ取ってハワイに行くくらいが、芸能人のあるべき姿だと思っていたので。

が、そこに新型コロナウイルスの感染拡大が起こり自粛生活が始まった。テレビ番組ではリモート収録が導入され、僕の仕事もYouTubeでの動画配信がメインに。それまでの状況がガラッと変わってしまったことで、「これなら別に東京にいなくてもいいのでは？」と気づいたんです。地方に住めば家賃が安くなるぶん、生活のコストもグンと下がります。視界が一気に開けて、なんだか面白いことになりそうだと思いました。

移住について妻に相談したときも、特に反対はされませんでした。その後、どんな流れで移住先候補が海外にまで範囲が広がったのかは覚えていませんが、いつしか憧れも含めて、L.A.やニューヨークといった都市も候補地として考えるようになっていったのです。

僕は日本が大好きですし、日本人を笑わせたい、楽しませたいという思いで日々活動しています。でもその一方で、写真週刊誌のあり方をはじめ、芸能人やインフルエンサーに対する厳しい視線や、常に空気を読むことを求められ、そこからはみ出たら全員で叩くという風潮を耐え難く感じてもいて……。そういう「ルールは作らないけど皆で監視している社会」から、一度出てみたいという気持ちもありました。

曖昧さがなく合理的な国、シンガポールに惹かれて

考えるうちに浮上したのがシンガポールです。シンガポールは、「建国の父」と呼ばれ

る初代首相、リー・クアンユーが経済的に躍進させ、作り上げた国。彼がその明晰な頭脳とたぐいまれな行動力を駆使して、現在のような大都市を築いたのです。リー・クアンユーについて書かれた本を読んでみると、ものすごく合理的で厳しいところもあるものの、僕には彼の考え方がすごく心地よく感じられた。それが「シンガポールっていいな」と思った大きな理由です。夫婦で行ったことのある数少ない海外のうちの一つだったせいか、妻からも特に反対はされませんでした。「よく奥さんがついてきてくれたね!?」と周囲から言われるのですが、実際にネガティブな反応をされたことはほとんどないです。

シンガポールに暮らしてみると、あらゆる場面で日本との違いを感じます。たとえば麻薬などの違法薬物にものすごく厳しくて、持っていたら死刑。海外の富裕層を低い税金で優遇して住まわせる代わりに、現地の人間を採用させて雇用を生み出す。国民には、生活に一番必要な家を公団住宅のような形で激安で提供する。だからホームレスはいないし、治安もいい。コロナ禍でマスクをしていなかったら罰金だし、ワクチンを打っていないと働けない。そして「もうマスクを外していいぞ」となったら、国民が一斉に外す——。明確なルールがあるおかげで曖昧さが無く、一つ一つが理にかなっているのです。

その反面、暑い国だけあって、適当でやる気のない人たちがシンガポールにはたくさんいます。なにせ雇用も家もあるし、公共交通機関も屋台も安いので、必死に働かなくてもやっていけるんですね。一部の超優秀な人と超富裕層がGDP（国内総生産）を押し上げていて、完全に二極化している印象があります。

また海外に出たことで、あらためて日本の良いところにも気が付きました。なんといっても日本人の丁寧さと真面目さについては、特筆すべきものがあります。物のクオリティーも、日本は平均的にとても高いですよね。たとえば温水洗浄便座。日本ではほとんどのトイレに設置されているのに、シンガポールでは全然普及していない。あんな素晴らしいものを生活に取り入れないなんて！　なんなら僕が売って歩きたいくらいです。

妻がイキイキと輝く場面が増えてきた

シンガポールに来て、夫婦関係にも変化がありました。僕らはそれぞれが、いちタレントとして活動しています。結婚後も僕はガンガン仕事をしていましたが、妻は出産と子育てで仕事をセーブしつつ家のことをやるように。コロナ前の僕は、タレントとしての価値は「仕事をしているかどうか」で決まると思っていて、家の中でも同じ価値基準で「夫婦の優劣」を捉えてしまっていました。

ところが、海外移住で状況は一変。不慣れな地で二人で力を合わせてやっていかねばならず、しかも英語の実力は留学経験のある妻のほうが上。僕は相手が言ったことを聞き取るくらいならギリギリできますが、難しい話になると彼女を頼るしかない。本書の中で彼女が、「(シンガポールに来てから) 夫が私を対等な目線で見てくれるようになったなと感じる」と言っているのは、おそらくそういうことだと思います。

人付き合いに関しても同様で、こちらに来てから妻がイキイキと輝く場面が増えてきたことを実感しています。僕は日本に住んでいるときは毎日のように付き合いで飲みに行ったりしていましたが、シンガポールでは、ほとんどの時間家に引きこもって作業をしています。でも彼女は次々に友達を作って社交を楽しんでいますからね。で、彼女に誘われたら僕もついて行くという(笑)。

妻がイキイキしているのはすごくいいことだと思いますし、僕自身も家族と過ごす時間が日本にいた頃より増えました。子どもたちも毎日楽しそうです。今のところ、シンガポールへの移住は正解だったと感じています。

ある意味、僕はコロナに救われた

夫婦関係についてもっと言うと、やっぱり子どもが生まれたことは一つの転機になりました。当時の僕は、タレントは仕事が多いほうが偉い、レギュラー番組が多いほうがカッコいいという価値基準の世界にいました。「あの先輩、全然休みがないんだって。カッコいいよね」みたいに、休みがないことがステータスのように思っていたんです。

それが結婚した途端に世間から働きすぎを指摘され、ワーク・ライフ・バランスの大切さを説かれるようになった。心のどこかに「こっちは生きるか死ぬか、売れるか仕事なくなるかみたいな危機感抱えてやっているんだ。バランスなんてとれるわけないだろ!?」という思いがありました。

決定的だったのは息子が生まれたときです。2児の父になったというインパクトが大きすぎて、とうとうキャパオーバーになっちゃった。タイミング的にもテレビとYouTubeの端境期で、僕も必死だったんですね。毎日、朝早く家を出て夜遅く帰宅。当然家族との会話もなかったけれど、「これで夫婦関係がダメになるなら、それはそれで仕方ない」と割り切って仕事に打ち込んでいました。それくらい、いっぱいいっぱいだったのです。

そこに来たのがコロナです。少し前まで家庭を犠牲にして朝から晩まで働いていたのに、今度は一日中家にいなくちゃいけない。何もかもがひっくり返り、今まで信じていたものがガラガラと崩れ、価値観が大きく変わりました。そこからです、夫として父親として、家族と正面から向き合うようになったのは。その意識はシンガポールに移住してから、さらに強くなりました。コロナで命を落とした方もいる中、こういうことを言うのは不謹慎ですが、ある意味、僕はコロナに救われたのだと思っています。

第3章

「母」として……福田萌が感じる葛藤

試行錯誤でたどり着いた自分なりの母像

つらかった夜泣きから考えたこと

夜泣きに悩む親のために

私が主宰している『福田萌のママズオンラインサロン』。ママが安心して集えるオンラインでの空間を、との思いで2019年に立ち上げた。それから2年が経過し、メンバーの数は160名ほど。

ママ、パパ、妊活中、現役世代を応援したいおばあちゃま、シングルペアレント、専業主夫、海外在住の方など、色々なご家庭に触れるたび、子育てはそのお子さんや環境によって十人十色だと実感する。立ち上げ当初からの「相手を否定しない」というルールのもと、子育てや家族関係のお悩み相談や、子どもや自分自身の日々のちょっとした報告が行われていたりと基本的にはほっこりしたコミュニティになっている。

最近、サロン発の外部向けオンラインイベントが定期的に開催されている。

そのひとつが『夜泣きClubhouse』(2023年現在は、『夜泣き小屋Radio』と名前を変えてTwitterスペースで開催されている）というものだ。Clubhouseという音声アプリを使用した、深夜ラジオの番組のような感じだ。Clubhouseとは音声SNSアプリで、会員登録すれば誰でも気になる番組を聞くことができ、手をあげてモデレーター（番組の進行役）の許可が下りればしゃべり手になることもできる。そのClubhouseで毎月第一土曜の深夜に『夜泣きClubhouse』という番組を行っている。日本時間の夜0時からスタートし、2時間ごとにメインのしゃべり手をリレーしながら朝の6時までつなぐ番組だ。

私のサロンメンバーや、子育てママを応援する運営サイト「ぐるっとママ」グループの皆さんでリレーを繋ぎ、自分の夜泣き体験談や、子育ての話をメインで行っている。時に著名人のゲストが登場したり、パパが参加したり、育児当事者ではない方、子育て支援団体のプロの方も多数参加する。たまに話が脱線することもあるけれど、それはそれで楽しい。自分とは違う誰かの子育て話はいろんな気づきやドラマがあって、ずっと聞いていることができる。

孤独な深夜、ママパパの居場所に

Clubhouseは声だけのプログラムで顔出しの必要がないので、眠りにつく前のリラックスした姿でできるのもいい。実際私もパジャマ姿、メイクを落としたすっぴん姿で、ベッドに寝転がりながら話したりもする。私の住んでいるシンガポールは日本と1時間の時差があり、私がメインで話している日本時間0時から2時の時間は、シンガポールの夜11時から1時になるため比較的負担は軽い。

そんなふうに深夜の一番深い時間帯はオーストラリアやヨーロッパ、はたまたアメリカにいるメンバーに担当してもらうなど、時差を利用しながら、みんなで無理なく行える取り組みを目指している。

私は担当の回が終わると次のしゃべり手にバトンを渡し、そこから仮眠を取るのだが、極力朝6時のフィナーレを迎え、完走したメンバーを讃えられるように、と終了30分前にアラームをかける。私はそこからマイクオンにしていつもフィナーレに参加しているが、毎回6時間のプログラムを完走した瞬間はなんとも言えない気持ちになる。思わず『サライ』を歌いたくなる。

私がフィナーレのために起床するのがシンガポールの4時半になるので、その時間は真っ暗闇の中なのだが、Clubhouseにアクセスすると、その時間帯の誰かの優しい話し声がスマホからボソボソと聞こえてくる。その声にすごく安心する。真っ暗な中目が覚めると世界中で起きているのはもしかして私だけ？　と孤独に襲われそうになるが、スマホの中には誰かがいてこちらに語りかけてくれている。

『夜泣きClubhouse』が、夜泣きに対応し、真っ暗闇で心細い気持ちになっているママパパに寄り添えるプログラムであってほしいと願う。

きっかけは夜泣きに悩むママの投稿

『夜泣きClubhouse』ができたきっかけはサロンに寄せられた、まさに夜泣きに悩むママのある投稿からだった。

「生後7ヵ月の息子の夜泣きが最近頻繁で、夜中も2〜3時間おきに起きている。夜中はトントン、おしゃぶりや抱っこをしても嫌がってギャン泣き。なぜうちの子は寝ないのか？　なぜ私だけが夜対応しているのか？　睡眠不足で募る息子と夫へのイライラ……。

夫への上手な伝え方やイライラの収め方を教えてください。共感だけでも救われます」

そこに集まったコメントの数々。

「わかります、赤ちゃんの声ってママにとって警報みたいですよね、赤ちゃんにとってはそんなことないはずなのに、責められてるみたいに感じてしまって」「私も夫にどんな風に私の苦労をわからせるか、ずっと会話をシミュレーションしては、言えずじまいなことが続きました」「まさに私も2ヵ月の子供との状況が一緒すぎて……」

そんな共感の声が多数集まった。このやりとりを見て、サロンメンバーの一人が企画したのがこの『夜泣きClubhouse』だ。Clubhouseで、夜泣きに対応するサロン外のママやパパにも、「がんばれ!」「あなたはひとりぼっちじゃないよ」とエールを送る、リアルタイムの励ましを届けたい、という思いがそこには込められていた。

「愛しい我が子」のはずなのに

私も夜泣きで苦労した思い出がある。長女が生後数ヵ月は2時間おきの頻回授乳で、授乳と授乳の間、1時間寝るのがやっとだった。いつしか目の下のクマは濃くなり、睡眠不足からしばらく笑うことを忘れていた時期があった。そんな私に夫が東村アキコさんの漫画『ママはテンパリスト』をプレゼントしてくれて、久しぶりにゲラゲラ笑って「自分笑えたのか」と冷静になった思い出がある。

さらに長男のときは、あまりにも眠れない日が続き、「とにかく寝かせてくれ!」と夫に懇願。その後夫が週に1度、夜泣きと夜間のミルクを担当する日を作ってくれ、私は別室で朝まで寝られて救われた。寝ない子どもを寝かしつけるために真っ暗な部屋で子どもを抱っこしてゆらゆらと乗っていたバランスボール。

今も部屋の片隅のバランスボールを見ると、夜泣きのことを思い出す。添い乳で寝かせていた頃は、途中で私も寝落ちしてしまい、子どもを潰してはいないかとハッと目覚める経験を何度かしたことがある。寝ているときも子どもがちゃんと息をしているか常に心配で、赤ちゃんとの寝室はぐっすり睡眠をとることとは程遠い緊張感に包まれていた。

夜泣きする我が子は、愛おしい存在なのに、段々と睡眠不足が自分の体と心を蝕んでいくのを感じていた。なんでこの子は? なんで私ばかり? 夫がずるい! と手当たり次第に何かを責めずにいられなくなって、精神状態が不安定になる。それを誰かに相談したとして「母親なんだから当たり前でしょう」「あなたが産みたくて産んだ子どもでしょう」「そんなのは子育ての一瞬のときなんだから、今を楽しんで」なんて言われてしまったら、私の心が溺れてしまいそうになるので、なかなかおいそれと人に言い出せないまま、当時は気持ちをグッと飲み込み耐えることしかできなかった。

実はたくさんの「同志」がいる

『夜泣きClubhouse』で様々な方の夜泣き体験を聞くと、子どもの夜泣きエピソードは実に人それぞれだと感じる。夜泣きが大きくなるまで続く子もいれば、兄弟によって夜泣きが激しいタイプとそうじゃないタイプに分かれたり、逆に深く就寝しすぎる子の夜尿に悩んだ方など様々だ。

私も改めて『夜泣きClubhouse』でお話しするたびに、あの辛くてたった一人で闘っていたような、誰にぶつけていいかわからなかった感情や記憶が、今誰かに共感してもらえることで、昇華されていくような感覚になる。こんなにも同志がいたのか、と、知らない場所で、深夜それぞれの屋根の下で行われていたことなのに、戦友を見つけたみたいに嬉しくなる。だから、今悩んでいる方はどうか『夜泣きClubhouse』を聴いてほしいし、話をしてほしいなと思う。実際参加してくださった、今まさに悩んでいる方の嬉しい声を聞くと、来月も「頑張ろう」という気持ちになる。

欲を言えば、この『夜泣きClubhouse』が毎日開催されるようになればいいなと思う。だって夜泣きは毎晩起こっている緊急事態だから。私のサロンの規模や私自身の生活もあるので、今は月イチ開催が限界だけど、この輪が広まって、毎日誰かが夜泣きで頑張る人にエールを送るプログラムがClubhouseでやってるよ、となれば、きっと今まさに溺れそうなママパパに浮き輪を投げ入れることができるのではないかと思う。仲間を切実に募集しています！　ぜひ、ご連絡ください（笑）。（※冒頭にも書いた通り、現在はＴｗｉｔｔｅｒスペースで『夜泣き小屋Radio』を開催しているので、どなたでもご参加お待ちしています！）

専業主婦がいない!?　フランスの出産・育児事情

女性が女性らしく生きること

２０２１年の流行語大賞に「フェムテック」がノミネートされた。フェムテック（Femtech）とはフィーメイル（Female／女性）とテクノロジー（Technology）を掛け合わせた造語で、女性が抱える健康問題をテクノロジーの力で解決する商品やサービスのことだ。

私も以前からスマホで月経周期などを記録していて、月経の予測日などが通知されるようになっている。これもフェムテックの一種なんだそうだ。今ではスマートウォッチにもその機能がついていて、「もうすぐ月経が始まりますよ」とアナウンスしてくれたり、月経が来た瞬間に手元のスマートウォッチ上で記録ができたりするため、以前よりも自分の体を意識したり、月経周期の入力忘れが少なくなった。運動した履歴を記録するように、自分の体のバイオリズムをテクノロジーがサポートしてくれている感覚だ。

そんな「フェムテック」がノミネートされたことが私はとても嬉しかった。テクノロジーの進化はもちろんだが、女性の体や生き方についての関心が日本でも高まりつつあるのかな、と感じたからだ。

私が運営するママズオンラインサロンには様々な女性がいる。最近も、会社員的な働き方と子育ての両立に将来的なビジョンが見出せなくなり会社を辞めた女性や、子どもがある程度大きくなったので再就職を目指して就活を始めたがブランクがあるために書類選考すらも通らず苦戦している女性など、様々なライフイベントを皆さんで共有している。

妊娠、出産、そして子育てにメインで関わる女性が働く上で不利になりやすい構図が日本にあるのは事実だ。それは歯痒くもあり、そこに立ち向かって努力してきた方々の歴史があり、そして今年「フェムテック」がノミネートされたことを一つの流れとして考えるならば、世間の風向きが女性が女性らしく主体的に生きる方向に変わりつつあるのかな、と思った。

フランスの出産・育児事情に驚愕

先日、サロンメンバーでフランス在住のAさんに、フランスの女性の働き方や出産、育児事情について話を聞く会を行った。私が見聞きする限り、フランスは女性が女性らしく主体的に生きやすい国であるような気がしていたので、在住の方のお話を詳しく聞いてみたいと思った。

Aさんはまず、フランス人、在留外国人ともに全員の加入が義務付けられているフランスの社会保障システムについて教えてくれた。この社会保障システムの中に医療保険があり、この医療保険に入っている限り妊娠・出産に関わる費用は外国人であっても全て無料で、不妊治療も保険適用対象で43歳未満は全て無料だという。不妊治療までも無料！　医師に治療が必要だと認められれば、43歳になるまで複数回治療を受けられるそうだ。Aさんご自身も日本にいたときは何百万と治療費をかけてきたが、フランスに渡ってからはその無料の恩恵で何度も治療にトライしたとお話をしてくださった。そののちに一人のお子さんを授かった。（※日本でも2022年4月から体外受精などの不妊治療が保険適用となっている）

さらにもう一つ驚きだったのが、フランスでは専業主婦というスタイルを前提とはしていないそうで、女性が仕事を持っていないと、「なぜあなたは働いていないの？」と不思議がられるという。女性が出産前後も働くことが当たり前のフランスでは、妊娠がわかった瞬間に、保育園に申し込みをするのが一般的なんだそうだ。もし保育園がそこで手配できなかったときはすぐにヌヌと呼ばれるベビーシッターの申し込みをする。そして産んだら生後2ヵ月くらいまでには保育園やヌヌに子どもを預けることが多いという。医師など職種によっては産後2週間で復帰する人もいる、と聞いたときは度肝を抜かれた。

そうなると母乳で子育てをするのは難しいのかと思ったが、フランスでは粉ミルクの栄養補給は十分という考え方で、母乳をあげたい場合でも、半年も母乳をあげたら十分とお医者さんから指導されるのだそうだ。

出産2ヵ月で仕事復帰するフランスの女性たち

しかし、日本人の私は「産後の肥立《ひだ》ち」という言葉があるように、産後はお母さんの体力回復に時間がかかるのではないかと疑問に思った。フランス人と日本人では体格などに違いがあるからなのか、日本は産後はしっかり休んで回復するという考え方がある一方、フランスでは産後は適切なケアやトレーニングをすることで回復する、という考え方があるようで、出産後は骨盤底筋のトレーニングの回数券が100%保険適用で無料で渡されるという。ケアをする専門の人が産後何度か自宅にやってきて、骨盤底筋周りの筋トレをして体の回復を促すというのを国が主体となって行っているのだそうだ。

私が2013年に第1子を出産したときはとにかく母乳をあげなくては、という思いが強かった。東日本大震災から数年後の出産だったので、万が一災害に見舞われたときも、母乳があればなんとか子どもに食事を供給できる、という思いがあった。そこから1歳2ヵ月ほどで卒乳したのだが、そのタイミングが適切だったのか、おっぱいっ子だった長女にはもっとおっぱいを飲ませてあげた方が良かったのか、無理矢理取り上げてしまったのでは……などと迷ったり悩んだりしていたので、母乳は半年もあげれば十分、というフランスの考え方には驚きだ。また、フランスは生後2ヵ月までに保育園に預けるのが普通、というのも、私が仕事復帰したのが生後3ヵ月、罪悪感満載で泣く泣く託児所に預けていた当時を思えば、ところかわれば……という思いになる。

我が家なりの「性教育」を娘とスタートしてみた話

大人になる前に知っておきたかったこと

ところかわれば繋がりでお話しさせてもらうと、私が今住んでいるシンガポールでは、無痛分娩が主流のようだ。先日妊娠したシンガポールの友人が無痛分娩をするというので話を聞いたところ、日本のようにオプションの料金を払って無痛分娩の選択をしたわけではなく、最初から無痛分娩のパッケージしかパンフレットには載っていなくて、迷うことなくそれを選択したのだという。

お産や子育てに関してはいろいろな考え方があると思うが、そうやって各国の状況を比較するとそれぞれの国によっては当たり前が当たり前でなくなり、とても興味深く感じた。フランスの出産・育児事情を教えてくれたAさんは不妊治療を経験し、高齢出産したそうなのだが、そこに至るまでに「妊娠出産にまつわることを含めちゃんと性教育を受けていたら良かったと感じた」と話していたのが印象的だった。

Aさんは30代前半まで仕事を精力的にこなし激務の日々を送っていた。いざ子どもが欲しいと思ったタイミングで不妊治療のお医者さんにかかり、そのとき初めて加齢によって卵子も老化し、妊娠率が低下することなどを学び、自らの体に関する無知を責め後悔したと話していた。

また、女性は卵巣や子宮など臓器が男性よりも多いため、女性特有の病気になる可能性があるということも知っておいてほしいし、産後の女性の体の変化についてあらかじめもっと知っておき、妊娠によって変化した臓器の位置を骨盤底筋トレーニングを行うことで元に戻すことが、その後の人生の健康につながるとフランスに来て知った、と話してくれた。

性教育への抵抗と戸惑い

私自身も我が子への「性教育」となると抵抗と戸惑いがまだある。学生時代を振り返っても、保健体育の授業のときにためらいがちに教科書を開いて、妊娠のメカニズムを学び、女子だけ体育の時間に集められて月経について学ぶ、という体験が思い出される。しかし、もっとフラットな気持ちで、大人になるにつれて女性や男性の体にはどんな変化があるのか、それを踏まえた上で自分はどう生きたいか、をしっかり考える時間があれば良かったなと思った。

男女ともにその知識が十分にあれば、女性はどのような働き方をして、子どもを産むのか産まないのかなどを選択できそうだし、男性も、女性の妊娠出産をサポートする上でどのような働き方や仕組みが理想的なのか考えられそうだなと思った。

以前とある方に子どもの性教育の入り口として『げっけいのはなし　いのちのはなし』という絵本をおすすめしてもらった。小学生の男の子がお風呂に入ったお母さんから血が出ているのを見た、という話から、お母さんが命が育まれるまでの仕組みを教えていくストーリーだ。イラストが、例えば性交渉の絵も、過剰ではなくとてもフラットでいいですよ、と教えていただいた。早速その本を購入してみた。まずは長女の意思でその本を見てくれたら、という思いで、内心恐る恐る購入した本をリビングのテーブルの上に置いておいた。

絵本を読んだ娘の反応は……

早速長女は手に取って読んだらしい。30ページほどの短い絵本だ。それを読み終わった後、長女が「ねえねえママ、この本さあ」とニヤニヤしながら声をかけてきたので心臓がバクバクした。すると長女がニヤついた場面は性交渉のイラストに対してではなく、女の子が月経になったら慣れないうちは洋服を汚してしまうこともあるけど、それをからかってはいけないよ、とお母さんが諭している場面で、「もし妹のことをからかうやつが現れたら僕はそいつから妹を守る！」と主人公が意気込んでいるシーンのことを指していて、ほっと胸を撫で下ろした。

その後も長女はこの絵本に関して何か言うことはなく、すんなりと受け止めたようだった。この絵本で私が気に入っているところは、最後のページで『げっけい』があるからといって、しょうらいかならずあかちゃんをうまなければいけないってこともない」「しごともけっこんも、こどもをそだてるかどうかも、じゆうにきめるけんりがあるの。いろんないきかたがあるんだってことをしっておいてほしいな」とお母さんがメッセージを送っているところだ。

この言葉はまさに私が子どもに伝えたいメッセージそっくりそのままで、性教育を受けたからといって将来子どもを絶対作らなくてはいけないということを伝えたいわけではないからだ。

私も親から性教育をきちんと受けたことがないので、私の行う性教育は実に恐る恐るだ。以前、「日本は性教育は後進国だが、性産業は先進国だ。性産業の世界を真に受けると、間違った知識のまま大人になってしまう恐れがある」という話を聞いた。その話を受けて、ますます家庭内では正しい性教育を性産業に興味を持つ前に行わねば、と焦る気持ちに駆られた。

先日、もうすぐ5歳になる長男がプレスクールから家に帰ってくるなり、「性器をちゃんと洗わないとバイ菌が入っちゃうんだって」という話を意気揚々としてくれた。そこから察するに、プレスクールで性教育の時間があったのかもしれない。まずは自分の体を清潔に保つことから学校が教えてくれたのか、それも性教育の入り口なのかもしれないな、と感じた。学校や本などの力も借りながら、私はどんなことを子どもたちに伝えられるのか、私なりの性教育ができたらいいなと考えている。

苦手だった〝ママ友〟の響きを乗り越え、学んだコミュニケーション

ママ歴9年で思うこと

2022年8月。先月長女が9歳の誕生日を迎えた。靴の大きさはほぼ私と同じサイズ（22㎝）になり、まだまだ大きくなりそうな娘。言動が大人びてきて彼女なりの哲学や考え方を感じる一方で、まだあどけなくて頼りないところもある彼女。先日子どもたちとお

たまじゃくし図鑑を見ていたのだが、姿は子どもだけど大人になりつつある娘は、まるで足の生えたおたまじゃくしみたいだな、とつい笑顔になった。

私自身もママ歴9年になる。9年だと、小学1年生だったのが高校1年生になるくらいの年月か、と感慨深く思った。長女の出産から約1年半の子育てのようすを綴った『福田萌のママ1年生日記。』という本を出版させていただいたのだが、その頃に比べるとママとして経験値をたくさん積んできたな、と思うのだ。

私のママライフはたくさんのママ友たちのサポートなしではあり得ないなと日々感じている。

ママ友の中でうまくやっていけるのか

「ママ友」という響きを、すごく苦手に感じていた時期があった。それは長女が生まれる数年前に『名前をなくした女神』というドラマを見た影響がある。名前をなくした女神とはお互いを○○ちゃんママと呼び合うママ友たちのことで、彼女たちの幼稚園でのマウン

ト合戦の話だった。

男兄弟の中で育ち、通った学校は全て共学、女性だけの世界に先入観から苦手意識があった私は、果たしてママになったときに、ママ友たちの間でうまくやっていけるか自信がなかった。

私たち夫婦は表に出る騒がしい職業の者同士だったので、静寂の街にやってきた選挙カーさながら「皆様の街にお邪魔させていただいています、お騒がせ致しませんので」の気持ちで生活していた。そんな私たちが、心理的な垣根を越えて友達ができるなんてことがあるのだろうか、と不安に思っていた。

妊娠中は、世間への発表との調整でひっそりと街の外れに佇む、産科のない婦人科で健診を受けていた。隠密な私の妊娠生活は、より一層世間からポツンと置き去りにされたような感覚があった。その婦人科にはお産へのプログラムがあるわけではなかったので、赤ちゃんのお世話について教わる母親学級を受けるには、自治体が主催している教室に参加する必要があった。その頃は安定期に入り、世間への公表も終えたあとだったので、堂々と自分の住んでいた区の母親学級に参加した。その教室は保健師さんたちの長年の経験の蓄積から、番地が近いもの同士でテーブルに座るという仕組みになっていた。出産後、その仕組みにのちのち助けられることになるのだが、その近所ごとのテーブルに初めは驚いた。

情報共有できるママ友のありがたみ

同じテーブルについたプレママたちが「私はどこどこのあたりに住んでいます」「私は〇〇公園の横です」などと順番に住所を発表していくので、私もえいや！　と自分の住まいを伝えた。そして、同じテーブルの者同士でのLINE交換をした。教室に参加した他のテーブルから「萌さんですよね？　ブログ読んでます」とありがたいことに声をかけてくださる方もいたが、ほとんどの人は私のことは知らない、という雰囲気でちょっとホッとしたのだった（のちのち同じテーブルのみんなは気づいていたが、そっとしておいてくださったことを知った）。

母親学級でLINEを交換した人たちとその後密に連絡を取ることはなかったが、それぞれの出産から3ヵ月経った頃、誰からともなく「あの日同じテーブルに座ったママと赤ちゃんで集まりませんか」という計画が持ち上がった。そして、近所のお座敷のあるご飯屋さんの個室に集まった。赤ちゃんを寝転ばせながら他愛もない話をできたことに、とてもとても救われた。自分の子どもは大丈夫だろうか、成長に遅れはないだろうか、という情報キャッチアップがそれまでは産科の健診でしか確認できなかったが、同じ時期に同じ地域で子育てをしているママと共有できたことがどれほどありがたかったか。

今までとは違う友達の作り方

生まれたばかりの赤ちゃんと外に出るのも恐る恐るの気持ちだったが、ご近所同士、ちょっとこの時間だけお茶しようか、ということができるのもとてもありがたい気分転換だった。

それから保育園、幼稚園と数多くの場面でたくさんのママたちと知り合った。たまたま行った児童館で、私がママをナンパしてその後付き合いが長くなった人もいた。気が合う人もいれば合わない人もいるし、気が合わなくてもなんだか一緒にいるのが心地よかったり楽しかったりするのは、これまでの友達の作り方とも違って、面白い経験だった。

私が初めてのママに対して心掛けたのは「笑顔で挨拶をする」とか「飾らない言葉でしゃべる」ということだ。そしてどんなにツンとして綺麗で一見完璧そうに見えるママでも、話を聞いてみるとすごく深く悩んでいたりすることが発見だった。ママ同士は敵じゃなくて、みんなそれぞれのステージで答えの出ない道を、一人で悶々と手探りで進んでいく孤独な同志だということが明らかになって、打ち解けるスピードも速いと知った。

幼稚園に上がると、兄姉が上にいるママたちとの出会いが多くあり、それは先々の勉強になった。長女が幼稚園のときは、私は生まれたばかりの長男を抱っこして、当時の記憶もないくらい目が回るほど忙しい時期だった。そんな大変なときに、わざわざ車で家まで送ってくれた人もいたし、「私は上の子もいるし立場的には幼稚園の先輩になるけど、私たちの年は近いし敬語は使わなくていいよ」と言ってくれて仲良くなったママもいた。

ママたちとの出会いに支えられた

夫が激務で家にいないのは、私の夫が芸人で昼夜問わず外にいるからだ、と不貞腐れる気持ちがあったが、結構周りのママには旦那さんの海外出張が多かったり、夜遅く帰ってくる旦那さんで家でご飯を食べることがほとんどないという状況の人も多かった。そんなママと子ども同士で家に集まって夕飯を食べたり、外にお出かけしたり、ママチャリに子どもを乗せて近所をぐるぐるしたことは、私の第二の青春のようで楽しい時間だった。

そんな一人一人のママたちとの出会いが、私の子育て期を支えてくれたなと感じている。子ども同士の繋がりの延長での出会いとはいえ、ご縁であり、そこに心を尽くせば尽くした分、素敵なかけがえのない出会いがあることを知った。

ママ同士の繋がりがひょんなことから夫の仕事や交友にも繋がることもあり嬉しかった。私は新生児時期に助けてもらった分を、自分の子どもが手がかからなくなったときに、誰か他の大変な思いをしているママに返そうと思って、そうしてきた。シンガポールに来るときは、そんなママ友たちとの別れがとても辛かった。でも、ゼロからあの東京のあの街で、たくさんのママ友たちに恵まれたのだから、きっとシンガポールでも素敵な出会いに恵まれるはず、大丈夫！　と自分の後押しもしてくれた。

今も東京に帰るたびに、たくさんのママ友たちが当時と変わらず温かく迎えてくれて他愛もない話ができる。本当は「ママ友」と特別な呼び方なんてしなくてもいい。みんな大切な「友達」だ。

column 3

中田敦彦が父目線で考える 自分のこと、子育てのこと、母・福田萌のこと

イクメンであること自体が無理ゲー

僕は以前、ウェブ媒体の『イクメンアップデート中』(後にリニューアルして『中田敦彦HUMANアップデート中』に変更)という連載の中で、「中田敦彦 方針変更! 『良い夫』やめました」という記事をアップしました。イクメンをテーマにした連載だったのに、最悪のバッドエンドですよね(笑)。

あの頃は、イクメンであること自体が無理ゲーだと思っていました。「頑張って育児してます」と言うと「いい父親ぶるな」と言われるし、「育児してません」と言うのはもちろんダメだし。もしくは「イクメン」という言葉そのものがけしからんと言われたり……。そこで辿り着いたのが「良い夫やめました」宣言だったんです。

そのときにいろいろな反響があって気づいたのは、「大事なのはこちらがどれくらいやるかじゃない。妻の苦しみがなくなることなんだ」ということでした。僕が頑張るかどうかではなく、彼女が満足して納得するかどうか。そしてそれ以前に、そもそも「対等な子育て」ってどういうことを言うのか。だって、どこまでいっても差はあるし、矛盾もあるじゃないですか。

家事も仕事も対等にと言ったところで、妻の意志や希望とは関係なく現実的にできないことがある。なので当時は、「愛情」と「家族の経営」とがパキッと割り切れなくても「まあいいか」で続けるのが現実的なところなのかな、と考えるようにしていました。

そういったモヤモヤが消えたのは、子どもが4~5歳になってから。それまでは何のこっちゃわからない謎の生命体だったのに、急に彼らのことがかわいく思えてきたんですよね。「あれっ、うちの子めちゃくちゃかわいいじゃん!?」と(笑)。以降はもうかわいさが増すばかりで、家事や仕事が対等かどうかという話を抜きに、「彼らとの時間を大切にしたい、成長を見逃したくない!」という心境になって今に至ります。

子どもたちに、「条件付きの愛してる」ではない愛情を

娘と息子は現在、シンガポールのインターナショナルスクールに通っています。彼らの教育については、最初から日本人学校に通わせるという選択肢はありませんでした。僕は大学まで行ったにもかかわらず、中学レベルの英語しかできない人間です。もちろんそれは僕自身の努力不足のせいでもあるのですが、大学受験の頃からずっと、日本人の英語レベルが伸びない理由は一つしかないと思ってきました。それは日本に住んでいる人の大多数が日本語話者だから。日本に帰国すると、もはや日本語しか聞こえないことに違和感すら覚えます。

語学は日常で使う機会がないと、まず喋れるようにはなりません。シンガポールもそうですが、華僑の人やヨーロッパの小さい国々に住んでいる人たちはなぜ英語が達者かというと、日常生活の中で英語を使わざるを得ないシーンがたくさんあるからです。逆に言えば、そういう環境に置かれれば誰もが自然と喋れるようになるもの。語学は子どもたちの絶対的な財産になるはずなので、インターに入れることに迷いはなかったです。

入学して最初の半年くらいまでは、親としての葛藤もありました。英語が通じないとか、一生懸命喋ったのにバカにされたとか、笑われたとか、友達ができにくい等と言って、子どもたちが苦しんでいるわけです。我が子を毎朝バス停まで送りながら、「今日は大丈夫かな?」「俺のやっていることは正しいのかな?」と何度も思いました。それだけに、参観日に娘が元気よく発表している姿などを見ると、良かったなあ、頑張ったなあと、グッときてしまいます。

僕が親として大切にしているのは、「愛してる」という気持ちを子どもたちにはっきり伝えること。これは最低ラインとして必要なことだと思っています。勉強しなかったらダメだとか、受験に受からないとダメだとか、そういった「条件付きの愛してる」では子どもが不安になってしまうので、元気でいてくれるだけでいいよと。そもそも生まれてきてくれたことが嬉しいし、将来成功してくれるのもいいけど、毎日普通にご飯食べてお仕事してるだけでも応援するからねと。人間なんて、生きているだけで奇跡みたいなものなんですから。

「きみが諦めている姿を、僕は見に行っているわけじゃない」

娘は学校でバスケットボール部に入っているのですが、人種がさまざまで大柄な子が多いだけでなく、男女混合で先輩もいるため結構ハードなんですね。練習を見に行くと、パスが回ってこなくて全然ボールに触れず、ずっと涙目でウロウロしている。本人も諦めているのか、数少ない日本人の友達とボソボソ喋ったりして。歯がゆさに「声出しな！」とか「もっと動いてパスをもらいに行きな！」と声を掛けたら、「パパ、恥ずかしいから静かに見て！」と怒られましたが（笑）。

あるとき感情が抑えられなくなり、見学の途中で帰ってしまったことがありました。帰宅した娘が「パパ、怖い顔して帰っちゃったけどどうしたの？」と尋ねてきたので、「きみは彼らに比べて体も小さいし、年齢も技術も足りてない。きみが負けるのは分かるから、そこに怒っているわけじゃない。僕はきみが『どうせ勝てない』と思って、友達と雑談しているところを見るのが耐えがたいんだ。きみが諦めている姿を、僕は見に行っているわけじゃない。どんなに負けていようと、僕はきみが諦めずに頑張るなら見に行く。でもあんなふうに諦めるならもう行かない！」とすごい剣幕で言ったんです。

彼女の学校では部活の所属を半年に一度変えられるので、僕は「彼女はもうバスケをやめるんだろうな」と思っていました。ところがしばらくして、妻から「あの子、またバスケ部に入ったんだって」と知らされたものだからビックリです。そして「一回もボールに触れてないのに？　あんなにつらそうにしてたのに？　なんでまたバスケ部に入ったんだろう？」と尋ねる僕に、妻は「あなたが諦めるなって言ったのが響いたんじゃない？」と一言。「ああ、そうか……」と、すごく胸を打たれたんですよね、そのとき。

で、僕はどうしたかというと、すぐさま「練習しよう！」と娘を誘ってバスケットボールを買いに行き、二人してバスケができる公園で練習を始めたんです。子どもの成長というのはたいしたもので、1日目には7本しかきまらなかったシュートも、2日目には20本きまるようになるなど、やったらやっただけ上達していくんですね。「ドリブル100回」とか「パス100回」などノルマを決めて、「早く試合できみが点を取るのを見たいな」なんて言いながら練習を続けていました。

自分の〝親スタイル〟はこれだ！

ある日、僕らが練習していると、地元の男の子がお父さんとおじいちゃんと一緒にやって来ました。見ているとおじいちゃんがバスケ経験者のようで、ものすごく上手い。さらに別のコートでは、これまた上手い青年が一人で練習をしていました。すると男の子が僕らのところに駆け寄ってきて、「あのお兄さんにも声を掛けてくるから、皆でスリー・オン・スリーをしよう！」と話しかけてきたんです。娘は「私大丈夫かな？　シュートできる自信ない」と不安そうにしていましたが、僕は映画でしか見たことのない展開にワクワクが止まらない。娘を「大丈夫だよ、やるぞ！」と励ましながら、初対面の人たちとのスリー・オン・スリーが始まりました。

僕らのチームは僕と娘とお兄さんだったんですが、このお兄さんがまたいい人で。娘にパスを出しながら、「こっちは僕がガードしておくから行け！」とシュートを促してくれるわけです。僕も部活を見学に行ったときは「黙ってて」と言われたけど、さすがに今日はいいだろうと「シュートしろー!!」って叫んで。相手の3人組も固唾をのんで見守る中、娘がスパッとシュートをきめたんです。あれは本当に映画のワンシーンのようでした。

そのとき僕は、「娘がシュートをきめたのをコートの中で見たんだ」と思ったんです。コートの外で見学してたんじゃなく、コートの中で彼女と一緒にプレーしながら見てたんだって。そしてそれに気づいた瞬間、「僕の〝親スタイル〟はこれだ！」と思ったんです。口で言うのではなく、生き方を見せていこうと。

僕自身、子どもの頃に親父から何を言われたか、まったく覚えていません。でも、親父がどう生きてきたかははっきり覚えている。結局、子どもは親の生き方しか見てないんですよ。子どもに「嘘つくなよ」とか「諦めるなよ」と言ったところで、親が嘘ついたり諦めたりしてたら説得力がないですからね。

——なんて、ものすごくいい話をしていますが、騙されちゃダメですよ。こんなの2年半のうちにあった中で一番いいエピソードを、喋りのプロが上手く商品にしているだけなんですから。僕の言うことは話半分で聞くくらいがちょうどいいです（笑）。

第4章

「福田萌」として……

福田萌が考える「妻でも母でもない自分」

「母の幸せ」と「母の寂しさ」の矛盾

宇多田ヒカル&椎名林檎の歌に……

クローゼットの奥で眠るドレス
履かれる日を待つハイヒール
物語の脇役になって大分月日が経つ

私が青春時代から憧れている宇多田ヒカルさんと椎名林檎さんがコラボして2016年にリリースした『二時間だけのバカンス』という歌は、宇多田さんのこんな歌い出しから始まる。

私は、いわゆる宇多田、椎名世代だ。「中二病」と思春期を拗《こじ》らせた人を揶揄《やゆ》する言葉があるが、1985年生まれの私が二人に出会ったのもまさに中学2年生の一番多感で、一番背伸びをしていた時期だった。私より少し歳が上で、とはいえまだデビュー当時10代後半だった二人の楽曲は、私が背伸びをするには十分すぎる世界観をいつも提示してくれた。経験したこともないのに、「あーわかるわーこの恋愛」と浸りながら、MDコンポで聴きまくっていたのである。

まさに中二病！

ご存じの通り、この二人はデビューから瞬く間にスター街道をひた走り、リリース楽曲は次々にヒットを飛ばし、この二十数年間日本を代表するアーティストとして君臨し続けている。二人の歌姫が、その歌手人生の途中でお子さんに恵まれ、母であることはニュースなどで知っていた。

しかし、ベールに包まれているアーティストの生活をうかがい知ることはできない。たとえ同じ芸能界という世界にいても、アーティストの方々は自分の住んでいる世界とは地続きではない、どこか天空のマンションにでも住んでいるに違いない、と思ってしまうのだ。もちろん私はお会いしたことは一度もない。

ハイヒールを履かなくなった

歌の話に戻ろう。

この『二時間だけのバカンス』で描かれているのは、母になって、ドレスもハイヒールも活躍する機会がなくなった女性の心だ。なぜなら、子どもをお世話するためには、素敵なドレスはすぐによだれや泥で汚されてしまうし、ハイヒールなんて履いていたら、すぐにダッシュでどこかにいってしまう子どもを追いかけることができないからだ。

いつか着よう、いつか履こうとクローゼットの奥の方に大事に取ってあるけど、ドレスたちの出番の主役的な機会は一向に訪れず。ドレスやハイヒールを身に着ける自分自身は脇役的なポジションになって、かなり月日がたってしまったよね。と冒頭から歌っているのだ。私は、「あああ。天空のマンションにお住まいの宇多田さん、椎名さんも、私と同じなのかもしれない」と激しく共感してしまった（というか、3行でこの情景を頭に描かせることができるってほんとに天才だ！）。

同時に、「脇役」という言葉が出てきたことに少し引っ掛かりを覚えた。

ずっと私の憧れのスターであり、世界に能力を最大限に評価され、自分の力で地に足をつけて立っている、常に主役のような二人の歌姫。しかし、子育てにおいては「物語の脇役」と感じてしまうのか、と。

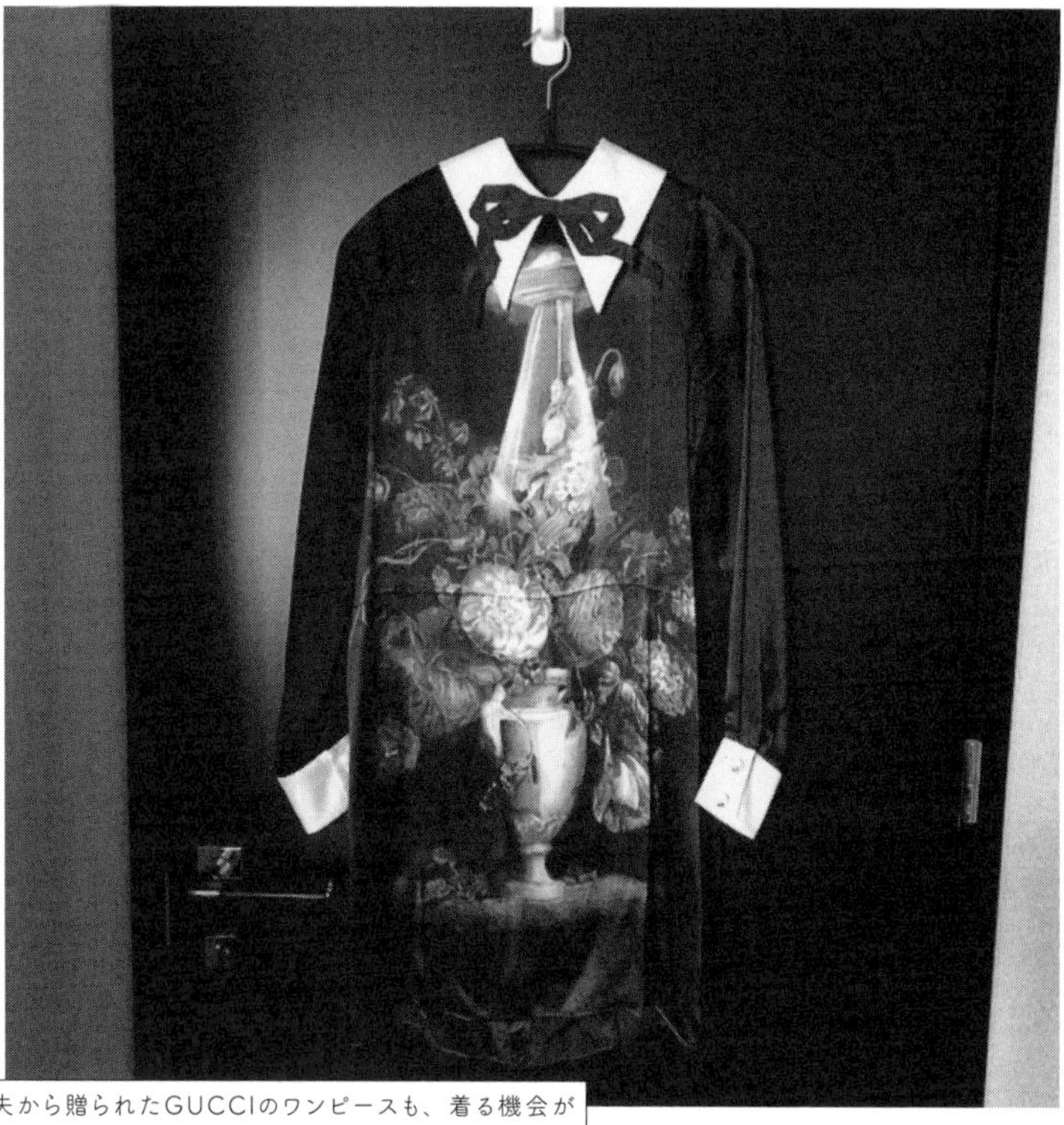

夫から贈られたGUCCIのワンピースも、着る機会がないままクローゼットにしまわれている。

「物語の主役」になりたいと思ったらダメ？

この歌を聞くたびにのどの奥に魚の骨が刺さっているような感覚がずっとある。そして、まさに私も今、脇役を全うしながら日々過ごしている、という気持ちがある。

「今さら主役になりたいの？　年齢や立場を考えなよ」「はい、おっしゃる通りです」

「脇役だっていいじゃない？　名脇役ですごい人はいっぱいいるし、むしろ脇役がすごい作品を作るじゃない？」「そう、それはそうなんだけど」

「ハッピーだからいいじゃない？　子どもがいて、夫がいて。贅沢な悩みだと思うよ」

「わかってる、わかってるんだけどね」

頭の中にいつも、こう言い合う別の顔を持った二人が現れては、すぐに消える。すぐに消えるのは、忙しいから。心の表ちゃんと裏ちゃんとが会話し始めても、すぐに「ママー！　水こぼした！」という現実の声や、洗濯機の完了音がそれをかき消す。

結婚9年目、35歳

私は現在7歳の長女と3歳の長男がいて、2児の母だ。夫の中田敦彦とは、長女の生まれる1年前の2012年に結婚し、今年で結婚9年目を迎えた。いろんなことはあったけれど、それなりに力を合わせて夫婦としてやっていると思う。

この夏35歳になった。

最近一緒にお茶をしたり、LINEをする友人は、多くが子どもをきっかけとして知り合った、いわゆるママ友だ。ママ友とは、「今日子どもが持って帰ってきた幼稚園のスモックが汚れてないんだけど洗濯して明日持たせるべき?」とか、「これ美味しかったよ」とおすすめの冷凍うどんの写真が添付されるようなLINEのやりとりをする。

一応芸能人夫婦だからって、初めは「すごく気を遣わせてしまうかもしれないな」「ママ友作るのは難しいかもな」なんて思っていたが、幸せなことに分け隔てなく仲間に入れてくれる友人ばかりで、とても居心地がいい。私の娘や息子が「芸能人の子だ」と日常で意識することなく育っているのも、仲良くしてくれるママ友たちのおかげだと心から感謝している。

私が小さいとき、絵本や映像で何度も見てきた物語の主人公のプリンセスは、大抵のストーリーが素敵な王子様と最後に結ばれ、「末長く幸せに暮らしましたとさ」で物語が終わる。母は家にいるときのエンタメとしてテレビとVHSビデオを多く見せてくれた。3歳にもなると、自分でビデオデッキの操作の仕方を覚えていたと思う。特に私が気に入って見ていたのはディズニー版『眠れる森の美女』で、自分でセッティングしては、擦り切れるほど見た。森でひっそりと暮らす美女はオーロラ姫という名のお姫様で、魔女に呪いをかけられて眠っている。しかし王子様に救われて、長い眠りから覚めるという物語。最後に二人が踊るシーンが特にお気に入りだった。妖精のふりかける魔法で、ドレスの色がピンクに、水色に、何度も変化するところがとにかく好きだった。

その後、お姫様は王子様と末長く幸せに暮らしましたとさ。『眠れる森の美女』のラストにそう締め括られていたかどうか記憶は定かではないが、たいていのプリンセスストーリーはそう終わる。そして幼い私は、その一言にほっと胸を撫で下ろす。いろいろあったけど、最後に結ばれてよかった。末長く幸せで、めでたしめでたし。

人生は結婚してからが長いのに

しかし、今の私はそのラストの文言をとても苦々しく受け取る。

「私、末長く幸せに暮らしているのかもしれないが、これがゴールか？　いやいや、人生100年時代だとしたら、私と同じ年でもあと65年もあるやんけ！　つか、オーロラ姫って絶対16歳前だし、いずれにせよ末長すぎやろ！」

私の心の中の相方がそうツッコミを入れる。

可愛い子どもたちと、リスペクトできる夫がいる。みな健康だ。身の安全を脅かすような危険は今のところはない。毎日、家事や育児に追われて、倒れるように眠りにつく。眠れる森の美女ほどでなくていいから、せめて少しは長く眠ってみたいものだが、たいてい睡眠時間は短く、王子様の代わりにスマホのアラームが私を叩き起こす。朝が来れば、お弁当を作る。また昨日とだいたい同じような一日が始まる。

いつかは子どもに手がかからなくなり、そのうち巣立つかもしれない。いつか夫が隣からいなくなってしまうこともあるかもしれない。でも、それははるか遠くの出来事と思っている。これが私の「末長い幸せ」。

でも。

だから。

「それで満足できていない自分」が苦しい。

○○の母、中田さんの奥さん

着る機会が一向にやってこないドレスは、いつまでもクローゼットの中で眠っている。いつの間にか、ミニ丈のドレスは全く似合わなくなっていた。大切に保管しているドレスのデザインはいつしか流行遅れになっているかもしれない。私はこの秋も、洗濯のしやすいゆったりしたパンツを買い足し、クローゼットの一番手前の一軍位置に置いている。

いつか履こう、眺めるだけでも綺麗だし、と思って買ったハイヒールは一度も履かれていなければ、眺める時間があるわけもなく、靴箱の中で眠っていた。たまに履いてみようと思って出しても、筋肉が慣れていないため、すぐに足が痛くなってしまう。

その靴はついに先日、フリマアプリで売ってしまった。

〇〇ちゃんのお母さん、中田さんの奥さん、そんな呼び方の方が増えて、私は、脇役を全うしていると感じる。でも、これが全てでなければならないんだろうか？　もちろん、全部の暮らしをなげうって、今と全く違う私になって一からリセットしたいわけではない。子どもたちの成長だって近くで見ていたいし、できるだけ自分の手で子どもたちを育てたい。

でも、この心の中にある焦燥感はなんだろう？

「何もできていない」ことへの焦り

28歳で長女を出産し、日常に追われているうちに30代も後半に差し掛かってしまった。

30歳になったときに、30代は時がすぎるのが早いよ！　あっという間よ！　と周りの大人にたくさん言われたけど、それを言われたのが昨日のことのように感じるほど、ほんとにあっという間だった。

このままだったら、明日には40歳になる。
40歳になることが嫌なんじゃない。
何もしていない。
何もできていない。

子どもの年齢は、一歳一歳、噛み締めるように味わうくせに、自分の誕生日は「あ、また誕生日か。誕生会の準備面倒だな。でも子どもたちが祝いたがってるから、ハンバーグでも焼くか」と重い腰を上げてキッチンに立つのみで、噛み締める余裕がない。幸せの中にあるのはわかっている。でも、このどこか虚しい気持ちはなんだろう？

『二時間だけのバカンス』の歌は2番に差し掛かり、椎名林檎さんがメインパートのボーカルだ。

お伽話の続きなんて誰も聞きたくない
優しい日常愛してるけれど

スリルが私を求める

そう、スリル。

私の話の続きなんて誰も聴きたくはないと思うけど、このありふれた日常の中に小さくていいから、スリルを感じて生きてみたいのだ。スリルを感じるということは、危険な恋に生きたいとか、バンジージャンプしたいとか、そういうことではない。母の私、妻の私ではない、ただの福田萌という私として、自分だけの自分を生きたいのだ。自分の人生を自分で決断して生きることは、誰かが道案内をしてくれるわけではない、スリルそのものなんだから。

ちょっとした心構えで変わるだろうか。

30代の後半戦、少しだけ自分を解放して生きてみたい。

column 4

中田敦彦が「福田萌」という個人について思うこと

子どもに絵本の読み聞かせをしているときの妻は最高

母親としての福田萌は、すごくいい親だと思っています。特に子どもに絵本の読み聞かせをしているときなんて最高だなと。僕は無理なんですよ、途中で眠くなっちゃって。それを本当に毎日読んであげていて、しかも上手。感情を入れすぎない独特の読み方なんですが、またそれがすごくいいんです。

あと、わりと大胆です。たとえば旅行に行って、「子どもにこんなことさせたら危ないんじゃないか?」と思うようなことを結構させるというか。この前タイに行った時も、子どもが「トゥクトゥクに乗りたい」と言い出したんですが、前日に夫婦で乗った際にすごいスピード感だったんですね。で、「これは怖いな、子どもたちはやめといたほうがいいんじゃないかな」と思っていたら、「大丈夫だよ!」って。長野に行ったときも乗馬をさせたりとか。「危ないからやめときましょうよ」があまりない人なんです。

もともと強気なんですね、いろいろなことに対して。子どもにも習い事をたくさんさせていて、旅行に行く際はスケジュールをすごく詰めていく。カバンの中身もギューギューに詰めるし、外食時も「そんなに食べられないよね!?」とビックリするほど多めに注文している（笑）。そういうところは見ていて面白いです。

でも、なんだかんだ言っても、子どもたちのことを考えている時間は僕より断然長い。優しくて、子どものことを常に気にかけている、本当にいい母親だと思います。

社会的な活動に打ち込んでいる妻を尊敬しています

僕は日頃から、妻が社会的なアクションを持続しているところを尊敬しています。社会的養護を必要とする子どもたちに、クラウドファンディングで支援を届けるプログラム「こどもギフト」への参加や、子育て中のママパパたちのための『福田萌のママズオンラインサロン』の主宰など。また彼女は自身の活動に役立てるために、防災士の資格も取得しています。

僕はお金を作るとか数字を出すとかいった仕事は得意で、やめる・やめないを合理的に判断するスピードも速いほうです。必要に迫られれば「もうこれは採算が取れないのでやめましょう」とか、「結果が出てないので打ち切りにしましょう」みたいな判断も割とすんなりできてしまいます。もっとも、合理的であることと人を傷つけることは裏表なのですが……。

社会奉仕的な事業や困っている人を助けるための活動は、合理性とは真逆にあるものです。お金にならず、すぐに結果が出ないのも当たり前。僕のような人間は性格的に上手く取り組めないし、正直言って完全には理解しえない部分もあります。でも、だからこそ、そういった活動に真っすぐに打ち込んでいる、妻のような人がまぶしく見える。そんな僕にできることは、活動をPRしたりお金を作ったりしながら、間接的に彼女を支えていくことなのかもしれません。

妻とは日常的に、それぞれの仕事について話し合ったり、感想を言い合ったりしています。彼女は僕のアップした動画を全部観てくれていて、僕は僕で彼女のYouTubeを観て「あれ面白かったね」と伝えたり。お互いに、一視聴者として相手の作品を楽しんでいる感じですね。

相方とも違う、妻は共に戦えるパートナー

2022年からYouTubeで、『伝説の夫婦』という番組を始めました。お笑い界のご夫婦をお招きして家庭円満の秘訣についてうかがう構成で、僕は妻と二人でMCを務めています。

現在YouTubeで活躍している人たちは、皆さん僕よりひと回り下の世代が大半です。彼らの活躍は素晴らしいなと思いながら見ていますが、同時に負けたくない気持ちもあって。彼らにはグループの強味があり、何より若さがある。「若さでは勝てないけど、彼らになくて僕にあるものって何だろう?」と考えたときに、僕の場合は「家族と人生経験だ」と思ったんですね。

僕の戦術の基本は「武器は余さず使って戦う」というもので、これまでも弟と踊ったり、相方と歌ったりしてきました。となると、あとは妻です。「妻と一緒に夫婦対談を番組っぽく見せたら面白いんじゃないか」とひらめいて、お試しで録ってみたのが初回のカ

シンガポールのビーチにて。

ジサックさんご夫妻の回です。番組のタイトルコールも、あえて懐かしさを感じられるレトロな雰囲気にしてみました。やってみたら「ゲストも僕らも夫婦どうし」というのが新鮮で面白かったですし、妻といるときの僕が絶妙にいいヤツ風に見えるのも収穫でした（笑）。

そもそも他の仕事仲間や相方は、僕のことを「この人しょうがない人なんです」とか「あっちゃんって、こういうところがダメなんだよね」とは言いづらいと思うんです。でも妻は言える。「妻が『この人、感情を抑えられないんです』と言い、僕がゲラゲラ笑っているのはアリかもしれない」というのは、初回を録ってみて思いました。彼女のおっとりした合いの手も、ホッとする空気感でいいですしね。

繰り返しになりますが、僕は独身時代「結婚するなら共に戦える人がいい」と思っていました。まさに今、妻のことを「相方とも違う、共に戦えるパートナー」だと感じています。妻であり、子どもたちの母であり、肩を並べて戦っていける同志ですね。そういう女性と結婚できて、本当に良かったと思っています。

最終章

夫婦・家族の在り方を考える

PART 1

福田萌×中田敦彦 夫婦対談

新婚旅行ぶりに、夫婦二人旅を楽しみました

福田萌（以下、萌） この前、3泊4日でタイでの家族旅行を楽しんできたね。子どもたちは現地のキャンプに行ったから、実質的に夫婦二人だけでの旅だった。夫婦だけなんて11年ぶり。新婚旅行以来じゃない？

中田敦彦（以下、敦彦） そんな久々だったのか。楽しかったね。

萌 楽しかった。何年も子どもがいない状況がなかったから、会話が途切れたらどうしようとか、間が持つのかなって心配してたけど、そんなこともなくて（笑）。

敦彦 え、そんなこと思ってたの？（笑）そもそもタイ自体が面白かったよね。初めてだったから、3日間フルでガイドさんをお願いして、あちこち回ってもらった。で、最終日に子どもたちと合流して、皆でトゥクトゥクに乗って。

萌 私は観光しながら、あらためて「結婚したのがこの人で良かった〜！」って思ってた。あなたは私の興味や関心に付き合って一緒に楽しんでくれたり、エスニック料理の好き嫌いもなくて、ちゃんと「美味しいね」っ

HUMAN MADE

て言ってくれるでしょう？　めっちゃ気が合うなって改めて思ったのよ。これまで子育てのパートナーとして見ていたけど、実は親友みたいな感じでノリが一緒なんだなって。

敦彦　確かに気が合うよね。今回は、萌のYouTubeチャンネルを撮りながらというのも面白かった。でも、タイがちょうど暑季だったせいで、のんびりお寺を観ていられないくらい暑くて。結局僕は2日目に体調が悪くなって、アユタヤの宮殿を回れなくなっちゃった。でも、そこで「じゃあ帰る？」という流れになると思ったら、「私一人で行って来るね！」って。なんてパワフルな人なんだろうと。そしたら案の定、日本に帰国してから体調を崩してしまって。東京駅に着いた瞬間に震え出したのを見て、「萌も無敵じゃなかった！」と思ったよ（笑）。

萌　そうでした。ご心配をおかけしました（笑）。

敦彦　日頃からきみは、「○○に行こう！」とアクティブに動く人。カタールに、サッカー日本代表戦を観に行ったときもそうだった。あと、僕が仕事してる間に子どもたちを連れてベトナムに行ったり。でも、僕自身はそうやって連れ出してもらわないと仕事ばっかりになるタイプだから、すごく嬉しいよ。

萌　あなたは本当に部屋にこもってしまうし、熱中しちゃうから。でも外の世界を見せたら見せただけ、いろいろ吸収して血肉にするでしょう？　それだけに「連れ出さなきゃ！」という使命感があるんだ。

敦彦　使命感だったんだ！　確かにタイもカ

タールも、実際に行ってみてすごく勉強になった。感謝してます。ただ、あまりに予定を詰め込み過ぎるのはいかがなものかと。だって旅行の中に旅行を入れてるんだよ？　マトリョーシカじゃないんだから。今回だって僕が仕事で先に日本に行ってて、きみや子どもたちとタイで合流して、観光を終えて日本に戻ってきたと思ったら、翌日、僕が仕事している間に長野に行ったでしょ？　しかも自分でレンタカーを運転して。前日に震えてた人の動線じゃないよ（笑）。

萌　久しぶりに日本にいるから満喫したくて（笑）。でも普段から、私のほうが家にいないことが多いよね。それは単純に人とコミュニケーションをとるのが好きだからなんだけど、あなたに紹介したい人がたくさんいるからというのもあるのかも。その人と中田敦彦を組み合わせたら、面白い化学反応が起こるんじゃないかって。見てみたいの、それを。

敦彦　なるほどね。そういうことか。

この人とだったら、どこまで飛んで行っても怖くない

萌　この数年は私たちにとって激動の日々だったね。最初は日本のテレビ番組で活躍するお笑い芸人さんと結婚したと思っていたのに、今はなぜか夫婦でシンガポールに住んでいる。まさか自分が海外に住むなんて、以前は考えもしなかった。しかもあなたは、もうテレビにすら出ていないし。

敦彦　いや、またちょっと出だしたよ？（笑）今年、結婚11周年だけど、途中でコロナ禍もあって、本当に予想外の出来事の連続だった。10年って、意外にあっという間な気もするね。

萌　私は結婚当初、あなたが違う方向に舵を切ったら自分は反発するかもしれないと思っていたの。「ずっと同じ場所に居続けてほしい」って。でも実際は、「面白そうじゃん！」って合わせられるタイプだった。これは自分でも意外な発見でした。今は、「あなたが飛行機の機長だとしたら私は副操縦士。この人とだったら、どこまで飛んで行っても怖くない」という気持ちでいる。私一人が家のことをやっているのではなく、本当に二人で飛んでいるなって。

敦彦　そんなふうに言ってもらえて感動だよ。僕は独身時代、「恋愛するなら守ってあげたくなる子がいいけど、結婚相手は共に戦ってくれる人がいい」と思っていたんだよね。で、萌と結婚してみたら、どっちも持っている人だった。守ってあげたくなる部分もあるし、強さもある。あと、こうして一緒にいろいろなことをできているのは、萌が僕のほうを向いてくれているから。二人で表に出て活動しているところは、普通の夫婦とはちょっと違うところかもしれないけどね。本当にありがたいと思ってます。

萌　いえいえ。子どもに対して、あなたはいつも生きるための道しるべになるようなことを言ってくれるでしょう？　そういう夫がいて良かったなと思います。もしも私一人が1

00%責任をもって子育てしなきゃいけない状況だったら、すごく負担に感じただろうし、心細かったと思う。でもあなたは自ら率先して引っ張って行くし、子どもにせっせと重しを乗せてくれるおかげで彼らも生きる力を身につけていっている。子育てのパートナーとして、心から感謝しています。

敦彦　でもそれは、愛情に満ちている萌がいるから。僕の考え方は「戦って勝て！」「自立せよ！」みたいな感じでマッチョだけど、それだけだと子どもが息苦しくなっちゃう。きみは怒らないし、怒っても僕みたいな怒り方じゃない。母親として優しい、いい雰囲気を作ってくれているから、バランスが取れているんだと思う。で、たまにきみが子どもたちを叱っているときは、僕が優しくしてポイントを稼ぐという（笑）。

萌　移住してからは、言葉が通じないから、子どもたちが一番大変だったと思う。彼らのシンガポールでの生活は、挫折感から始まっているものね。心配ごとが絶えない中、何かあるごとに学校と相談して、夫婦で相談して、皆で乗り越えてきた。おかげで家族の絆が深まった気がする。

敦彦　そうだね。その反面、子どもたちが「中田の子ども」ということを意識せずに学校に通えるのはいいなと思ってる。「ほら、あれが中田さんちの」みたいに注目されるのは、デメリットのほうが大きいからね。インターナショナルスクールの子たちは僕のことなんか知らないから、娘も周囲の目を気にせずにいられるんじゃないかなと思ってる。

萌　確かにそうだね。

中田敦彦という面白い人の人生を味わいつくしたい

萌　シンガポールに来て良かったなと思うのは、帰宅した子どもたちに、お父さんとお母さんが揃って「おかえり！」と言ってあげられること。なかなかないものね、学校から帰ったときに両親がいる環境って。「ただいま！」「おかえり！」って言い合える、安心できる家庭が作れている実感がある。

敦彦　本当にそうだね。もう僕らも10年以上が過ぎたけど、また10年後はどうなっているんだろう？

萌　10年後だと、子どもたちは19歳と16歳。

敦彦　大学生と高校生か……。僕らはまだシンガポールにいるかな？　可能性は半分くらい？

萌　もしかしたら夫婦別々のところに住んで、違うことをしているかもしれないと想像することもあるよ？

敦彦　え？　俺、意外と家族がいないとしんどいんで……（笑）。でもまあ、そういう状況も全然ありえるか。

萌　私は海外に住んでみて、「私は自由なんだ！」って思い知った。人生に「絶対にこうしなきゃいけない」はないって。それを知れたのが一番の収穫だと思う。

敦彦　どこにいてもいい。日本の北海道でも九州でもいいし、海外でもいい。シンガポールに住んでみて、「あ、住めたじゃん!?」って自信になったよね。今はシンガポールにいるけど、急に「もうじゅうぶん。もういいや」って日本に帰ってくる可能性もあるし。

萌　そうだね。この先どうなるかはわからないけど、私は最後まであなたと添い遂げたいと思ってます。

敦彦　添い遂げたい！　すごいセリフいただきました。そんなふうに言ってもらえるなんて。

萌　中田敦彦という面白い人の人生を味わいつくしたい（笑）。

敦彦　ありがたくて泣いちゃうよ。参った。ずっとそう言い続けてもらえるよう頑張ります。

PART

9歳の娘から見た、福田萌と中田敦彦

ママはあこがれの人。パパのように流行りに乗りたい

私にとってママは、ひたすらあこがれの人。「将来こうなりたい人」です。優しくて、どんな場面でも心のバランスを保てるところが素敵だと思っていて、知名度もある人なのに、毎日家事をして、私や弟の世話をして、本当にすごい。「大人になったらママみたいな人になりたい」と初めて思ったのは5〜6歳の頃ですが、その気持ちはこの先もずっと変わらないと思います。

パパについては、「こうなりたい」と言うにはプレッシャーがあります。有

名だし、私はパパのように人前で話すことが得意ではないので。でも私がちっちゃい頃から、どんなに忙しくても一日の中で必ず話す時間を作ってくれたり、声を掛けてくれたりするので、寂しい思いをしたことはないです。直接話せないときはビデオ通話とか。そういうところがすごく好きです。

私が心がけているのは、「流行りには乗る」ということです。たとえば今流行っているのはYouTubeとTikTokで、パパもその流れに乗ってYouTubeに移ったという話を聞きました。私が20歳になる頃に何が流行っているかはわかりませんが、私もパパと同じように素早くその流れに乗りたいです。でも、仕事にするかどうかはまだ決めていません。怖い世界でもあるとパパやママからよく聞くし、人前で何かを紹介するには語彙力が必要なので、可能性は低いかもしれないです。

私がYouTubeを見始めたのは5歳の頃から。大人でも難しいと言われるコンテンツをよく見ているせいなのか、同級生と話していてもあまり理解してもらえないときがあります。

日本の学校とシンガポールの学校、どちらが楽しい？

シンガポールでは、朝6時半に起きて日本語のドリルをしています。現地では日本語を学ぶ機会がないから家で取り組んでいます。そしてシンガポールのインターナショナルスクールは日本より算数が遅れていて、日本ではとっくに勉強したことを今やっているという感じ。知っていることを繰り返すことになるため、算数の授業は結構退屈に感じています。時にはクラスメイトに私が教えることもあるんです。

ドリルをやって、朝ごはんを食べたらスクールバスに乗って学校へ。バスは家の近くまで来てくれるけど、学校までは結構遠くて、40分かかります。校則は日本の学校と比べたらゆるいです。学校にぬいぐるみやスライムを持ってくる人もいれば、豪華な食べ物やケーキを持ってくる人もいます。制服はありますが、ズボンかワンピースかを選べるし、靴は黒いスニーカーならなんでもOK。子どもの自主性を尊重するところは、すごくいいなと思います。

一番好きな学校の行事は、「ブックデー」と呼ばれるものです。本に出てくるキャラクターの格好で登校できる日で、私は『ドラえもん』のような、どんな国の子も知っている日本のキャラクターを選びます。私の学校では日本のことはあまり知られていません。私はマンガが好きでたくさん読むのですが、シンガポールでは『鬼滅の刃』くらいの人気作品でも知っている人は少ないです。

日本の学校とシンガポールの学校、どちらが楽しいかとよく聞かれて、そのたびに「日本の学校です」と答えているのですが、実を言うと半分半分です。日本は友達がたくさんいるから楽しい。シンガポールは校則がゆるいから楽しい。今通っているインターには、1学年に日本人は4～5人しかいません。うち半分は男子なので、日本人の女の子の友達は2人だけです。

シンガポールを一言で言うと「自由」

シンガポールは暑いので、慣れるまでは大変でした。季節の変化がないため、日本の四季に憧れている人がたくさんいます。雪を見たことがないとか、桜を見るためにだけ日本に行くとか。そういう人は、桜を見ただけで感激して泣いちゃうと聞いて驚きました。

シンガポールを一言で言うと「自由」です。学校も自由だし、家でも自由。なのに法律だけはすごく厳しい。そこが謎です。法律は厳しいはずなのに、日本のようにきちんとしなければならないというところがないのが不思議に感じます。列はグダグダでちゃんと並ばないし、横入りする人も多いです。でも、考え方によっては、それも自由ということになるのかもしれません。

私はこれまで日本とシンガポール両方に住んで、やっぱり日本が一番いいなと思います。いろいろな部分が発達しているし、日本には友達もたくさんいるし、言葉も話せるし、お互いを思いやる気持ちがあると思います。他の国の人で「多少の不便はあっても思いやりの心が大切だな」と考える人がいれば、ぜひ日本に住むことをおすすめしたいです。

でも、絶対に日本じゃなきゃダメなのかと言われたら、そういうわけでもないんです。もし明日、日本がなくなっちゃうと言われたら、英語と中国語も少しだけどできるから、なんとかなるかなと思っています。ただ、お米だけは日本のお米がいい。海外のお米はパサパサしているので。

家族の雰囲気が、シンガポールに来てから変わったということはあまり感じません。みんなで団結して助け合うみたいなことは日本にいるときも多かったので、特に変化はないと思います。ママは、日本にいるときも楽しそうだったけど、シンガポールに来てからも楽しそうです。パパはずっと家にこもって仕事をしているので、日本にいたときと同じです（笑）。

おわりに

「添い遂げたいです」

まさか、今回のこの本の夫婦対談で、この言葉が自分の口から出てくるとは想像していなかった。つい口をついて出た言葉に自分でも驚いて、こう自分で言い放っておきながら、急に不安になり、家に帰ってから改めて「添い遂げる」の意味を調べてみた。

そい−と・げる
【添い遂げる】 結婚してから死ぬまでを夫婦として過ごす
(デジタル大辞泉・小学館)

そうか。私は一生この人と一緒にいたいという気持ちだったのか。死がふたりを分かつまで……。天に召されるその日まで……。いや、それは決して甘い気持ちではない。心臓に刻印されたタトゥーのように、血の匂いのする私自身の覚悟なのかもしれないと気づいた。

今回一冊の書籍として、自分の書いたエッセイを見返してみて、ああ私がいっぱい詰まっているな、と感じた。好奇心がとても旺盛で、あの時多少苦労してでもあの選択をしてくれたから、今の私があるな、私グッジョブ！　という気持ちだ。

私の思う、私らしく生きるとは「2つ選択肢があったら、心がワクワクする楽しい方、未知の方に踏み出してみる」ということかもしれない。私がいつも考えているのは、

①　人生は予想以上に短い
②　大きな視点に立てば命が取られない限り大したことはない
③　心が震えるような出来事は自分の成長のチャンス

ということだ。もし、あなたが今思い悩んでいて、「ああ、中

田敦彦という人の妻は、こんな風な思考だったな」と参考にしていただけたのなら、嬉しい。

人生100年時代の現代。私はまだ3分の1を過ぎたばかり。子どものような好奇心を胸に、死ぬまでワクワクドキドキして生きていたいと思う。私らしく！

おわりに、今回この出版にあたって、何度もエールを送ってくださり伴走してくださった講談社の瀬尾さん、新町さん。シンガポールに行っても細やかな配慮と心遣いでサポートしてくれるマネージャーの西村さん。今回1時間にもわたるインタビューを意気揚々と受けてくれ、とてもたくましく可愛い長女の〇〇ちゃん。いつもムードメーカーで癒やしと笑いを家族にくれる長男の〇〇。最後に、人生のパートナー、夫の中田敦彦さん。あなたに出会えてよかった！

この本に関わってくれたみなさんにありったけの感謝の気持ちをこめて。

STAFF

撮影 ……………… 水野昭子

【福田萌さん＆お子さん】

スタイリスト …… 大瀧彩乃

ヘア＆メイク …… 田中裕子

衣装協力 ………… 福田さん着用　ワンピース／MIDDLA

息子さん着用　パンツ／プチバトー、タイ付きシャツ／Urban Mini Style

娘さん着用　ワンピース・Tシャツ／Little s.t. by s.t. closet

【中田敦彦さん】

ヘア＆メイク …… 高岸裕一

衣装 ……………… 私服

取材・文 ………… 上田恵子（中田敦彦さん、夫婦対談、娘さん部分）

デザイン ………… 小柳萌加（next door design）

協力 ……………… 中田家のみなさま

日本音楽著作権協会（出）許諾第2303964-301号

「中田敦彦《なかたあつひこ》の妻《つま》」になってわかった、自分《じぶん》らしい生《い》き方《かた》

2023年 7月18日　第１刷発行

著　者　　福田《ふくだ》 萌《もえ》

発行者　　清田則子

発行所　　株式会社講談社
〒112-8001
東京都文京区音羽2-12-21
電話　編集　03-5395-3452
　　　販売　03-5395-3606
　　　業務　03-5395-3615

印刷所　　株式会社新藤慶昌堂
製本所　　大口製本印刷株式会社

ISBN 978-4-06-532856-9

KODANSHA